Liebe Leserin,

gerade hältst du dieses Buch in der Hand, und vielleicht habe ich nur ein paar Sekunden, um dich zu erreichen, deshalb, egal ob du dann weiterliest oder nicht, lass mich dir Folgendes sagen:

Du kannst nichts dafür. Du bist weder irgendwie falsch noch schuld noch hast du Fehler gemacht. Das Leben hat eigene Gesetze. Und du bist nicht allein.

Das ist das Allerwichtigste, damit dein Leben weitergehen kann, damit du auch dort, wo es wehtut, wieder zu atmen beginnst und weitermachst. Danke fürs Teilen.

Deine Susanne

Susanne Hühn

Ich seh dich dann im Licht

Emotionaler Frieden und Heilung
nach Fehlgeburten und Abtreibungen

Schirner Verlag

ISBN 978-3-8434-1051-9

Susanne Hühn:
Ich seh dich dann im Licht
Emotionaler Frieden und Heilung
nach Fehlgeburten und Abtreibungen

Umschlag: Murat Karaçay, Schirner,
unter Verwendung von # 30672205
(Yvonne Prancl), www.fotolia.de
Redaktion & Satz: Tamara Kuhn, Schirner
Printed by: OURDASdruckt!, Celle, Germany

www.schirner.com

1. Auflage 2012

Für meine großartige Lehrerin Doris Schneider,
die für uns zu früh, für sich selbst aber
zum genau richtigen Zeitpunkt zurück ins Licht gegangen ist.

Es war so gut zu wissen, »du bist da«.
Danke, Doris, für deinen so unermesslich großen Dienst
als Engel auf der Erde.

Ich verneige mich
vor deinem Schicksal und deinem Weg.

Abbildungsnachweis

Illustrationen an den Kapitelanfängen: Fotolia_6417953/© Danielle Bonardelle

Schmetterlingsmotiv auf Seite 1, am Anfang und Ende der Meditationen, Übungen und Rituale sowie auf den Seiten 206 und 207: Fotolia_28279071/© Irina Onufrieva

Autorenfoto: © Susanne Hühn

Haftungsausschluss

Die Informationen in diesem Buch wurden nach bestem Wissen zusammengestellt. Sie führen alle Meditationen, Übungen und Rituale in eigener Verantwortung durch. Weder die Autorin noch der Verlag können für eventuelle Folgen, die sich aus den im Buch gemachten praktischen Hinweisen ergeben, eine Haftung übernehmen.

Inhalt

Prolog

»Es wird Zeit.«

Sanft schob ein Engelsflügel die kleine Seele in Richtung Inkarnationsstrahl. Dieser schimmerte bis hinunter zur Erde, fand Halt in einer Eizelle und einer Samenzelle. Das war ein richtiges Wunder, dachte die kleine Seele, denn es war zwar leicht, eine Mutter oder einen Vater zu finden, aber beides zugleich, Mutter und Vater, deren Energien zusammen den genau richtigen Ton ergaben, die richtige Frequenz, die zum Inkarnationsstrahl passte …

»Das ist dein Zeitfenster, die Sterne stehen genau richtig, so, wie es zu deiner Seelenkraft passt.«

Die kleine Seele zögerte. Sie hatte einmal in einem sehr seltsamen Traumbild einen Menschen gesehen, der in einem engen Anzug und mit langen Dingern unter den Füßen auf einer weißen Abschussrampe stand – er flog weit durch die Luft und landete dann unsanft auf einer kalten Masse, die aussah wie Wolken, aber hart wie Beton sein konnte. Das Durch-die-Luft-Fliegen, das wollte sie, aber das Landen, das konnte sie sich wirklich nicht vorstellen. Zumindest noch nicht.

»Du weißt, ich will nur gucken, nicht geboren werden!«, sandte die kleine Seele noch einmal eindringlich in die Richtung, in der sie ihren Schutzengel wahrnahm.

»Es ist nicht vorgesehen, dass du geboren wirst. Du bist zu lichtvoll, ein Körper würde deine Seelenkraft nicht halten können. Du brauchst ein paar Vorrunden in der Geborgenheit des mütterlichen Bauches, liebste kleine Seele, dann sehen wir weiter.«

»Steht denn eine Mutter bereit?«, fragte eine warme Stimme.

»Ja, sie weiß es nicht, aber sie steht bereit – eine unendlich liebevolle Frau, die sich für die Erfahrung der kleinen Seele zur Verfügung stellt.«

Der Schutzengel der kleinen Seele nickte Mutter Erde zu und schaute dann noch einmal fragend zur Seelenführung der auserkorenen Frau – auch diese nickte.

»Ich werde nicht geboren werden?«, vergewisserte sich die kleine Seele noch einmal. Der Inkarnationssog zog sie bereits in seinen Bann; es war, als gerate sie in einen riesigen Strudel.

»Du wirst nicht geboren werden.«

Eine machtvolle Präsenz gab ihr Stabilität, Sicherheit und Vertrauen. Das war Kali, die Hüterin des Inkarnationsplans, die Göttin, die zuverlässig (auf der Erde bezeichneten die Menschen sie als gnadenlos, als Göttin der Zerstörung) dafür sorgte, dass die Form sich wieder auflöste, wenn die Seele frei werden wollte. Ihr Werkzeug war so einfach wie Furcht einflößend: Es war der Tod.

»Ich werde da sein, wenn du mich rufst. Ich diene dir, kleine Seele, und ich werde dich zurückholen, wenn die Zeit gekommen ist.«

Die kleine Seele seufzte und gab sich dem Strudel hin, ließ sich zur Erde ziehen – und Kali lächelte ihr sanft hinterher. Zu gegebener Zeit würde sie der kleinen Seele helfen, zurückzukommen, und ihre volle Hochachtung galt der Mutter, der Frau, die der Seele diese Erfahrung erlaubte.

Sie verneigte sich vor der Seelenführung der werdenden Mutter und wartete auf das Zeichen der Seele, zurückgeholt zu werden, auf das Zeichen …

… dessen Auswirkungen du, liebe Leserin, so schmerzlich erfahren hast, gerade gestern oder vor langer Zeit. Der Schmerz bleibt. Für dich und für mich schreibe ich dieses Buch. Möge es dir dazu dienen, in Frieden zu kommen und weiterzumachen.

Bevor wir beginnen

Dieses Buch ist kein Wünsch-dir-was-und-alles-wird-leicht-Buch. Es kann dir sehr viel Heilung und Leichtigkeit ermöglichen, und das wünsche ich dir aus tiefstem Herzen, aber es bringt dich in Kontakt mit einem der schmerzlichsten Themen dieses Planeten, mit dem Tod deines ungeborenen Kindes und dem Trauma, das du dadurch erlitten hast. Das Buch ist schwer zu schreiben und sicher auch schwer zu lesen. Es ist allerdings nicht schwerer als das, was du bereits durchgemacht hast. Ich bin wie du eine Mutter ohne dieses spezielle Kind. Ich will, dass wir hinsehen können, dass es die Möglichkeit gibt, wirklich in die Tiefe zu schauen und die Seele des Wesens zu verstehen, das sich uns für eine kurze Zeit als Mutter ausgesucht hat, die Seele des Wesens, das wir eine kurze Zeit in uns trugen und nährten.

Es wird Zeit, dass du in Frieden kommst mit dem, was dir geschehen ist, und das kann bedeuten, dass wir es uns noch einmal anschauen müssen. An dem Punkt, an dem du womöglich zurückschreckst und dich nicht berühren lassen willst, möchte ich dir begegnen – damit das Leben weiterfließen darf. Ich danke dir von ganzem Herzen, dass du mir das erlaubst, und ich verneige mich tief vor deinem Schmerz. Du hast mein vollstes Mitgefühl.

... damit es weitergehen darf

Ein wichtiges Thema lag in der Luft, ein Thema, über das ich schreiben sollte und das mich sehr beschäftigen würde, das spürte ich. Doch als Markus Schirner mich bat, dieses Buch zu schreiben, zog es mir erst einmal den Boden unter den Füßen weg. Damit hatte ich nicht gerechnet.

Ich bat um Bedenkzeit und geriet in den folgenden Tagen in einen intensiven emotionalen Strudel hinein, fühlte mich als völlige Versagerin, als unfähige Mutter. Ich schämte mich, trauerte und war völlig aufgelöst. Besonders tief spürte ich meine existenzielle Einsamkeit.

Egal von wie vielen dich liebenden Menschen du umgeben bist, diese Erfahrung geschieht tief in dir, an der Stelle, an der Leben entstehen sollte. Schwanger zu sein, die innigste Verbindung zwischen zwei menschlichen Wesen, die Aufhebung der Grenzen durch die Materie zu erleben, das lässt sich nicht in Worte fassen. Das abrupte und unerwartete Ende dieser Verbindung erst recht nicht. Aber auch die existenzielle Angst, die du verspürst, wenn du ungewollt schwanger geworden bist, wenn ein Wesen uneingeladen in dir zu wachsen beginnt und du weißt, dass das Leben sich seinen Raum nimmt, ob es dir gefällt oder nicht, lässt sich nicht beschreiben.

Ich scheitere immer wieder am folgenden Satz, kann nicht in Worte fassen, wie tief und innig der Hochzeitskorb[1] in uns wirkt – aber das muss ich auch gar nicht. Du weißt es. Sogar die Schamanen sagen, dass sich diese weibliche Kraft, die Fähigkeit, Leben in sich zu tragen, zu nähren, zu gebären, nicht beschreiben lässt, dass sie grundlegende Voraussetzung, Ursache des Lebens ist. Ja, wir tragen die Fähigkeit, Leben zu gebären, in uns. Damit aber auch den Tod. Und diese beiden Urkräfte gilt es zu meistern.

Wir erleben jeden Monat Tod – immer dann, wenn eine unbefruchtete Eizelle unseren Körper verlässt. Unser Körper kennt diese Erfahrung, er kann damit umgehen, er muss damit umgehen können, denn es geschieht durch ihn. Der gesunde weibliche Körper kann das, was die Seele und die Emotionen, der Lebensmut und die innere Mutter oft nicht mehr können: weitermachen. Er gleicht seinen Hormonhaushalt wieder aus und beginnt von Neuem, dem Leben ein Angebot zu machen, sich zur Verfügung zu stellen, immer und immer wieder. Der Körper selbst meistert also diese Erfahrung, er bleibt in seinem Gleichgewicht, auch wenn sich dieses Gleichgewicht für uns manchmal sehr unausgeglichen anfühlt. Doch auch hormonelle Schwankungen gehören zum Gleichgewicht dazu.

---

1 »Hochzeitskorb« ist der schamanische Ausdruck für die weibliche Schoßkraft. Wir werden uns ab Seite 88 genauer damit beschäftigen.

Normalerweise schreibe ich meine Bücher aus einer sicheren Position heraus, gerade weil sie viel von mir zeigen. Ich schreibe Bücher, nachdem ich eine Situation gemeistert habe; ich biete meinen Leserinnen und Lesern einen Weg an, den ich gegangen bin und der für mich funktioniert hat.

Nun, meine Fehlgeburt habe ich nicht »gemeistert«. Ich habe keine Maßnahmen ergriffen, um wieder schwanger zu werden, am besten dieselbe Seele doch zur Welt zu bringen. Ich habe keine Erfolgsmeldung vorzuweisen. Ich habe keine physischen Kinder. Die Scham darüber ist, trotz allem, was ich über geistige Ebenen weiß, ziemlich vernichtend. Dabei habe ich mich nach der Fehlgeburt intensiv und lange mit meiner Heilung befasst und beschäftige mich seit Anfang der Neunziger intensiv mit dem Thema Muttersein. In den Heilkreisen und Vergebungsritualen, die mein Partner Mike und ich in unseren zahlreichen Seminaren anbieten, waren die Themen Abtreibung und Fehlgeburt immer äußerst emotional besetzt, egal wie häufig sich jemand bereits damit beschäftigt hatte. Auch in der Aufstellungsarbeit zeigt sich immer wieder, wie sehr eine Schwangerschaft, die mit dem Tod endet, das Leben und das Glück blockiert, uns einsam werden und erstarren lässt. Darum beschloss ich, dieses Buch zu schreiben.

Ich möchte dir zeigen, wie du in Frieden kommen und dem Leben erlauben kannst, weiterzufließen, auch wenn du in Scham, Trauer oder Fassungslosigkeit erstarrt bist. Nicht alles ist für jede Frau geeignet, und so bitte ich dich inständig: Nimm dir, was dir dient, und lass den Rest für andere liegen. (Selbstverständlich darf dir auch alles dienen, umso besser.) Ich schreibe dieses Buch voller Liebe und Mitgefühl, aber ich kann dir den Schmerz nicht abnehmen, diese grundlegende Ohnmacht nicht wegtherapieren, die wir nun einmal in uns tragen. Wir dienen dem Leben, nicht umgekehrt.

Warum schreibe ich das, sind wir nicht Schöpferinnen unserer eigenen Wirklichkeit, ist nicht alles ein Spiegel? Ja und nein. Wir sind Yin und Yang, weiblich und männlich, Hingabe und Schöpferkraft in einem – alles zu seiner Zeit. Dieses Buch zu lesen und die Übungen durchzuführen, verändert deine innere Haltung, deine Überzeugungen und deinen emotionalen Zustand, und damit verändert sich auch deine Energie – du ziehst andere Ereignisse und Gegebenheiten in dein Leben. Du bist verantwortlich dafür, wie du mit den Dingen umgehst und wie du auf sie reagierst, und damit meine ich nicht die erste emotionale Reaktion (die durchaus sehr lange anhalten kann), sondern die langfristige Art und Weise, wie du das, was du erlebst, verarbeitest, ob, und wenn ja, wie du es verdaust. Du bist Schöpferin, indem du beschließt, dich wieder neu zu öffnen, deine Überzeugungen und Seelenverabredungen zu überprüfen und dich neu auszurichten.

Und du bist gleichzeitig ein Wesen voller Hingabe an das Leben; du stehst im Dienst am Leben, bist ein Teil davon, und deine Seele weiß das auch. Wenn du versuchst, das zu vermeiden und deinen Willen statt den Willen einer größeren Ordnung durchzusetzen, kannst du getrost davon ausgehen, dass dein Ego wirkt.

Wie bereitwillig und wie bewusst du diesen Lebensdienst antrittst, ist eine Frage deiner Seelenreife. Verstehst du, wenn du versuchst, dem Leben etwas abzutrotzen, dann kannst du das tun, vielleicht hast du auch Erfolg damit, aber du lernst nur etwas über deine eigene Macht, nichts über das Leben selbst, nichts über Hingabe. Auch das steht dir frei.

Echter Frieden kann nur kommen, wenn wir schöpfen, wenn wir erschaffen, uns voller Kraft, Mut und Tatendrang dort ins Zeug legen, wo es angebracht ist – und wenn wir uns hingeben, loslassen, uns in Gelassenheit üben und einem höheren Plan, einer größeren Ordnung zur Verfügung stehen, in Situationen, in denen uns das Leben in die Pflicht nimmt.

»Kosmos« heißt auf Deutsch »Ordnung«. Du bist Teil dieser Ordnung, und alles, was dir geschieht, ist ebenfalls Teil dieser Ordnung. Das ist so, auch wenn sich ihre Struktur nicht immer gleich zeigt – sie ist äußerst komplex und umfasst mehr Dimensionen, als du dir das vielleicht vorstellen kannst. Auch dein Verlust, sogar deine Entscheidung, ein Kind nicht zu gebären, ist ein Teil dieser Ordnung und ergibt einen (für dich sicher nicht erkennbaren und auch nicht leicht zu akzeptierenden) Sinn. Sonst hätte das Leben selbst es nicht erlaubt.

Nicht umsonst heißt es: »Gottes Wege sind unergründlich.« Vielleicht erlaubst du dir, darin bereits ein wenig Trost zu finden … (Wenn Gottes Wege unergründlich sind, dann heißt das auch, dass wir ab sofort jedes Urteilen lassen, o. k.? Denn woher weißt du, welchen Weg die göttliche Ordnung, wenn du dieses Wort erlaubst, durch dich oder andere verwirklichen will?)

Womöglich diente dir diese Erfahrung dazu, deinen Weg anders weiterzugehen – wir werden später genauer hinschauen, wie wir dieses Stroh in Gold verwandeln können, wenn du dazu überhaupt bereit bist. Ich möchte dich aus der Einsamkeit und der Sprachlosigkeit in den Kreis der Frauen hereinbitten. Wir sind Mütter, wir sind Gebärende, ob wir Kinder haben oder nicht, und du gehörst dazu. Jede Frau erlebt ihren Hochzeitskorb, ihre Gebärmutter anders; ich habe den Tod, die Kälte in meiner Gebärmutter sicher anders erlebt als du in deiner.

Es tut unendlich weh, egal ob du Kinder hast oder nicht, wenn dein Hochzeitskorb nicht in der Lage ist, das Leben zu hüten, wenn du deinen (gefühlten) Auftrag als Mutter nicht erfüllen kannst. Ich möchte dir zeigen, wie du dich mit dir selbst und deinem Körper und dem Leben, dem Frausein, sogar dem Menschsein versöhnen kannst. Wir sind Frauen, und unser Weg beinhaltet, mit dem Tod umgehen zu lernen, weil er dazugehört, sich nicht vom Leben abkoppeln lässt. Der Tod bedeutet nicht Versagen, der Tod gehört untrennbar zum Leben dazu, und wir dürfen lernen, ihn als Kraft einzuladen und ihm einen angemessenen Platz zu geben, auch wenn dich diese Idee im Moment vielleicht nicht nur traurig, sondern auch wütend macht.

Nur wenn wir alle Energien in uns annehmen können, können wir das Leben wahrhaft hüten. Wir werden in diesem Buch die Seelenebene anschauen und erkennen, wozu es der Seele des Kindes, aber auch dir selbst, dient oder dienen kann, wenn eine Seele ihren Erdenweg nach so kurzer Zeit wieder beendet. Oft genug ebnet sie sich selbst den Weg, bringt die Hormone in Schwung, bereitet dich, die Mutter, auf den neuen Zustand vor und kommt zu einem anderen Zeitpunkt wieder. Aber nicht immer. Wir werden uns anschauen, weshalb eine Seele sich für einen nur ein paar Wochen oder Monate dauernden Weg auf der Erde entscheidet.

Du wirst hier keine Tipps finden, wie du dich auf eine »gesunde« Schwangerschaft (jede Schwangerschaft ist, wie sie sein soll, auch wenn die Wege einer Seele manchmal schwer zu verstehen sind) vorbereiten kannst, nichts über Hormone etc. lesen, weil ich mich damit nicht auskenne. Aber alles, was dir guttut, alles, was du tun willst, um eine Seele einzuladen, alles, was deinen Körper auf eine Schwangerschaft vorbereitet, ist dann richtig und sinnvoll, wenn du gleichzeitig weißt, dass es nur eine Einladung ist. Du darfst alles tun, was DU tun kannst, um schwanger zu werden. Aber die Seele selbst entscheidet, ob sie kommt oder nicht.

Wir werden uns außerdem intensiv mit dem Thema der ungewollten Schwangerschaft beschäftigen – und damit, dass wir selbst vielleicht unerwünscht waren. Auch hier gilt es, Verantwortlichkeiten zu klären, damit Frieden in diese schmerzliche Erfahrung einfließen kann.

Warum schreibe ich über Fehlgeburten und Abtreibungen gleichermaßen? Sind wir nicht selbst dafür verantwortlich, wenn wir uns für eine Abtreibung entscheiden, haben wir dann überhaupt Trost und Mitgefühl »verdient«?

Ich denke schon. Und selbst wenn du das nicht teilen magst: Heilung brauchen wir alle. Egal welche Gründe eine Frau hat – für die innere Mutter ist es eine Katastrophe, Tod statt Leben zu gebären, und der Schmerz darüber ist auch bei einer Abtreibung immens, selbst wenn sie ihr Kind unter keinen Umständen hätte bekommen können. Es ist eine Zumutung des Lebens, dass wir solche Entscheidungen treffen müssen, und sie prägen uns tief und nachhaltig. Frauen, die sich sehnlich Kinder wünschen, können oft nur sehr schwer nachvollziehen, dass es genauso wichtige und zwingende Gründe dafür gibt, ein Leben eben nicht zu gewähren. Ich habe wie so viele Frauen beides erlebt, und so möchte ich mit diesem Buch jede verletzte Mutter ansprechen. Wenn du mit einem Teil nicht klarkommst, weil er dich wütend macht oder schmerzt, dann überblättere ihn bitte.

Übernehmen wir die Verantwortung für das, was wir verursacht haben, und geben die Lasten, die uns das Leben auferlegt hat, zurück, damit wir in Frieden mit uns und dem Leben weitergehen können.

Aber darf ich Frauen überhaupt zumuten, in einem Buch sowohl etwas über Abtreibungen als auch über Fehlgeburten zu lesen? Von sehr verletzten Müttern höre ich ein klares Nein. Ich tue es dennoch, denn es stimmt nicht, dass eine Frau sich unbedingt und immer bewusst gegen ein Kind entscheidet, wenn sie abtreibt. Oft genug sieht sie einfach keinen anderen Weg, und die Trauer darüber ist genauso groß wie bei einer Fehlgeburt. Genauso wenig stimmt es, dass eine Frau, die eine Fehlgeburt erleidet, immer ein gewünschtes und geliebtes Kind verliert. Denn was ist mit all den Frauen, die eine Fehlgeburt erleiden, während sie sich eben nicht sicher sind, ob sie das Kind überhaupt haben wollen, also in der Zone »dazwischen« leben? Gerade dann sind die Schuldgefühle riesig, denn diese Frauen haben das Gefühl, das Kind abgetrieben zu haben.

Wir brauchen keine Brücke zwischen den Frauen, die sich bewusst und ausdrücklich gegen ein Kind entscheiden und es abtreiben, und den Frauen, die sich sehr auf das Kind freuen und es dann verlieren. Das Leben selbst hat den Bereich dazwischen äußerst vielschichtig ausgefüllt. Es gibt Frauen, die eine Fehlgeburt erleiden und froh darüber sind, erleichtert, doch auch sie tragen den Schmerz in den Zellen, und es gibt Frauen, die eine Abtreibung vornehmen lassen und noch währenddessen spüren, dass sie mehr darunter leiden werden, als sie sich das hätten vorstellen können. Es gehört zusammen, denn all das ist Tod und gehört damit zum Leben.

Außerdem erlebe ich sehr oft, dass Frauen beide Schicksale tragen, bei mir ist es ja auch so. Es gehört zum Muttersein dazu, all diese Erfahrungen zu machen, auch die dunklen. Manchmal braucht es die Erfahrung der Abtreibung, damit die Erfahrung des Mutterseins angenommen werden kann, genauso wie es manchmal eine Fehlgeburt braucht, um den Weg für eine Seele zu bereiten und das volle »Ja« zum Kind zu erwecken, auch körperlich, auch auf hormoneller Ebene.

Wir sind Frauen. Wir sind Hüterinnen des Lebens und Hüterinnen des Todes. Die Urmutter weiß das, sie kennt die dunklen Seiten des Mutterseins – im Dienst am Leben. Auch und gerade der Tod dient dem Leben, und so dient der Tod eines ungeborenen Kindes oftmals einem Aspekt des Lebens, an den wir nicht denken, weil wir so sehr in Trauer und im Schock sind. Das Leben selbst aber weiß es, es verschwendet sich nicht.

Wir werden durch eine Fehlgeburt ebenso wie durch eine Abtreibung in die Mysterien des Lebens eingeweiht, wir erfahren eine Initiation. Je bewusster und kühner wir uns mit allen Aspekten befassen, desto reifer und gestärkter gehen wir aus dieser so schmerzlichen Erfahrung hervor. Als Hüterinnen des Lebens dürfen (oder müssen?) wir lernen, auch den Tod zu meistern und nicht an ihm zu zerbrechen. Trennen wir die Energien, dann haben wir eine Bewertung gesetzt, eine Wertung in gute Mütter, die ihr Kind wollten und jetzt als Opfer dastehen, und schlechte Mütter, die ihr Kind nicht wollten und deshalb Täterinnen sind. So einfach ist es nie.

Denn was ist mit den Frauen, die glauben, eine Fehlgeburt als Strafe für eine Abtreibung in diesem oder auch in einem vergangenen Leben zu erfahren? Was ist mit den Frauen, die eine Abtreibung vornehmen lassen, weil sie durch zu viele Fehlgeburten Angst davor haben, das Ganze noch einmal durchmachen zu müssen? Was ist mit den Frauen, die ihr Kind auf ärztliches Anraten hin abtreiben, weil es so krank ist, dass sie die Verantwortung für seine Geburt nicht tragen wollen oder können? Und was ist mit den Seelen, die sich inkarnieren, obwohl sie ein klares Nein von der gewählten Mutter hören? Was ist mit den Seelen, die gehen, obwohl sie ein klares Ja erhalten haben? Auch das Unerwünschtsein hat zwei Seiten: eine Frau, die in diesem Moment nicht Mutter werden will, und eine Seele, die dennoch kommt und sich damit über das Nein hinwegsetzt … Der Preis dafür ist hoch, denn diese Seele trägt den Schmerz des Nicht-erwünscht-Seins und wird versuchen, es allen recht zu machen, um sich eine Daseinsberechtigung zu verschaffen. Verstehst du, das lässt sich nicht in zwei weit voneinander entfernt liegende Pole spalten. Ich wüsste nicht, wo ich die Trennlinie ziehen sollte. Es ist kein Entweder-oder, sondern ein Sowohl-als auch …

Falls du abgetrieben hast, werden wir nicht, wirklich auf keinen Fall, darüber reden, ob deine Entscheidung gerechtfertigt war. Das geht nur dich, den Vater und die Seele des Kindes etwas an. Wir werden darüber reden, wie wir mit der Erfahrung von Tod statt neuem Leben in Frieden kommen können und wie wir dem Leben erlauben können, weiterzufließen.

Die Erfahrung des Todes, egal wie wir ihn erleben, stellt uns vor eine Entscheidung. Verschließt du dich dem Leben, oder öffnest du dich ihm noch tiefer, stellst dich selbst noch mehr in den Dienst, gibst dich noch bewusster und bereitwilliger den Lebensrhythmen hin? Bist du bereit, dem Leben zu dienen, auch wenn du es nicht kontrollieren kannst, wenn du immer wieder kapitulieren und dich einer größeren Kraft, dem Leben selbst, unterordnen musst?

Das Leben ist keine Knetmasse, die du nach eigenem Gutdünken formen kannst. Egal wie oft du hören magst, dass deine Gedanken dein Leben erschaffen – es stimmt nicht ausschließlich. Kali würde darüber lachen und sagen, dass sich das nur ein Mann ausgedacht haben kann, ein Mann, der nichts über den Schoßraum weiß. Im Schoßraum dienst du dem Leben auf höchsten Ebenen. Selbst unerwünschte Schwangerschaften sind abgesprochen und dienen dem Leben, manchmal einfach nur, damit es überhaupt weitergeht. (Dann bekommst du vielleicht den Impuls für einen Abbruch, aber du spürst, dass du das Kind nicht abtreiben kannst. Du bekommst es zwar gegen deinen bewussten Willen, aber dein Dienst am Leben hat für deine Seele Vorrang.)

Das Leben setzt sich durch. Das Leben selbst ist der Faktor X. Natürlich ist deine innere Ausrichtung maßgeblich für deine Art, dein Leben zu leben, und je besser du in dir selbst aufgestellt bist, je offener und positiver du denkst, desto mehr Möglichkeiten erkennst du, dich zu entfalten. Aber du kannst nicht verhindern, dass dir das Leben Stroh in Form von schmerzlichen Erfahrungen auf den Weg legt. Letztlich hast du nur auf eines wirklich Einfluss – spinnst du das Stroh zu Gold, deckst du damit dein Dach und machst weiter, oder bleibst du erstarrt im Schmerz bzw. in der Vermeidung von Schmerz hängen? Nimmst du also das, was das Leben dir auf den Weg legt, und machst das Beste daraus, oder verlierst du den Mut und kauerst dich zusammen, um Schmerz zu vermeiden? Und selbst dass du darauf wirklich Einfluss hast, steht infrage, denn es braucht eine gewisse innere Widerstandskraft, um dem Leben immer wieder die Stirn und das Herz anbieten zu können – eine Widerstandskraft, die du nur entwickeln kannst, wenn sie irgendwo in dir angelegt ist. Es gibt viele, die daran zerbrechen oder scheitern, obwohl sie die Werkzeuge, so wie wir alle, zur Verfügung hätten.

Da du dieses Buch in die Hand genommen hast, ist diese Widerstandskraft in dir angelegt; du hast die Kraft, dich mit dem, was das Leben dir zumutet, zu beschäftigen, und du hast den Mut, wirklich hinzuschauen und dich deinem Schmerz zu stellen. Sonst kämst du gar nicht auf die Idee, dir ein Buch zu diesem so schwierigen Thema zu kaufen oder zu leihen, geschweige denn würdest du es lesen.

Du trägst ein schweres Schicksal, und du hast mein vollstes Mitgefühl. Ich sehe deinen Schmerz, und ich teile ihn. Ich trage die Scham, das Gefühl, versagt zu haben, die Trauer, und ich fühle mich minderwertig, wenn ich Mütter von lebendigen, gesunden Kindern sehe. Ich erlebe den Tod in meinem Körper als Versagen. Ich verkrieche mich bei der Frage »Haben Sie eigentlich Kinder?« in mich selbst und weiß nicht, ob ich weinen, mich abwenden oder wütend werden soll. Die Frage »Haben Sie Kinder?« bedeutet für mich, anderen eingestehen zu müssen, dass das Leben nicht durch mich und meine Gene weitergegeben werden will. Noch verletzender ist für mich die normalerweise so harmlos gestellte Frage: »Warum haben Sie eigentlich keine Kinder?« Weil keine Seele zu mir kommen will? Weil ich offensichtlich andere Aufgaben habe? Weil ich vielleicht insgeheim oder gar unbewusst nicht bereit für ein Kind bin oder weil Gott einfach andere Pläne hat? Weil mein Körper nicht funktioniert? Woher soll ich das wissen, warum ich keine Kinder habe?

Ich weiß aber etwas anderes: Wir, du und ich, teilen den gleichen Schmerz, die Scham und das Nicht-Verstehen. Und ich weiß noch etwas: Wir können nichts dafür. Egal wie sehr du dir vielleicht die Schuld gibst, dir Vorwürfe machst oder deinen Körper anklagst – es ist nicht deine Entscheidung, ob diese Seele als Mensch zur Erde kommt oder nicht. SO machtvoll bist du hier als Mensch mit einem freien Willen nun auch wieder nicht. Dazu ist das Leben selbst zu wichtig. Vielleicht gehen wir unterschiedlich damit um und der Schmerz äußert sich bei dir anders als bei mir. Doch die Trauer darüber, das Leben nicht weitergeben zu können, zumindest dieser Seele nicht, sitzt tief.

Es gibt geistige Ebenen, auf denen wir leicht verstehen können, warum eine Seele ausprobiert, wie es sich anfühlt, sich zu inkarnieren, und sich dann doch anders entscheidet. Wir werden über seelische Verabredungen sprechen, wir werden die Seele besuchen und mit ihr kommunizieren. Auf dieser Ebene herrscht Frieden, dort tut es nicht weh.

Auf der physischen und emotionalen Ebene aber, auf der Ebene, die mit der Erde, mit Fruchtbarkeit und den Rhythmen des Irdischen zu tun hat, ist es vernichtend, wenn du das Leben nicht weitergeben kannst, obwohl die Körperweisheit sich selbst immer wieder neu ausrichtet. Es stellt deine gesamte Existenz als Frau infrage, wenn du nicht lebend gebären kannst. Ja, jede zweite Schwangerschaft endet mit einem Abort oder einer Fehlgeburt. Und sicher gibt es einen sehr, sehr physischen Teil unseres Selbst, der damit gut leben kann, weil er einfach weiß, dass Versuch und Scheitern zur Evolution gehören. Doch der größte Anteil unseres Selbst trauert, und oft genug bleibt ein Teil von uns in dem Schock, in der Trauer, im Verlust hängen.

Deshalb schreibe ich dieses Buch. Ich will dir zeigen, wie du auf den verschiedenen Ebenen in Frieden kommen kannst. Dazu brauchst du eine ganz bestimmte innere Kraft, die Kraft der inneren Urmutter, die den Hochzeitskorb hütet und das Leben in dem Bewusstsein, dass der Tod dazugehört, weitergibt – egal wie lange es dauert und was es sie kostet, denn sie dient dem großen Ganzen.

Warum brauchst du diese innere Kraft? Weil sie sich mit den Rhythmen des Lebens auskennt. Weil sie weiß, wie der Strom des Lebens fließt. Weil sie nicht gezähmt oder domestiziert wurde und deshalb innig verbunden ist mit der Kraft der großen Mutter Erde.

Ja, das wird ein spirituelles Buch, und ich hoffe, du kannst etwas damit anfangen. An einer gewissen Art der Spiritualität kommen wir nicht vorbei, wenn wir wirklich heil werden wollen, denn das Leben selbst ist heilig, ist in Form gebrachter Spirit, Geist.

Wir werden uns in diesem Buch mit den folgenden Fragen beschäftigen:

- Wer ist diese Urmutter, und welche Kraft bringt sie uns?
- Was bedeutet es tatsächlich, Mutter zu sein, auf welche Art dienen wir dem Leben?
- Auf welche Weise sind wir vielleicht mitverantwortlich dafür, dass wir nicht gebären konnten, und in welchen Punkten dürfen wir die Verantwortung loslassen?
- Dürfen wir gar etwas lernen, verändert sich unser Weg durch diese Erfahrung?
- Wie können wir uns bereits jetzt mit der Seele unseres Kindes verbinden?
- Woher wissen wir, ob wir überhaupt mit einer Seele verabredet sind?
- Was ist der Hochzeitskorb, wie hüten wir damit das Leben und das Feuer der Schöpfung?
- Auf welche Weise gehören Fehlgeburt oder Abtreibung zu unserem Leben, welcher Teil von uns will sich in dieser Erfahrung spiegeln?
- Wie gehen wir um mit dem Schmerz, der Trauer und dem Gefühl, versagt zu haben, wie mit der Außenwelt, die uns oft nicht versteht?

- Wie finden wir die Bereitschaft, uns erneut dem Leben zu öffnen?
- Wie können wir durch diese Erfahrung tiefer lieben, reifen, in Frieden kommen und das Wesen der Erde, des irdischen Lebens noch besser verstehen?
- Wie können wir diese Erfahrungen als eine Initiation, eine Einweihung in die Mysterien des Lebens begreifen?
- Was tun wir, wenn wir spüren, dass die Seele noch im Bauch ist, und wie können wir ihr helfen, nach Hause zurückzukehren?
- Wie können wir die Kraft des Hochzeitskorbes meistern, wie die Erfahrungen von Leben und Tod?
- Wie können wir im Feuer des Lebens stehen bleiben, sogar dann, wenn das Leben den Tod bringt?

Ich möchte dir Werkzeuge anbieten, die du so, wie dein Weg sie erfordert, nutzen kannst. Es gibt keinen allgemeingültigen Weg, keine zwölf, sieben oder drei Schritte, die du nur zu gehen brauchst und alles wird gut – zumindest kenne ich keine. Eines aber teilen wir alle: Wir sind am Tiefpunkt unserer Lebensfreude und unseres Lebensmutes angekommen. Und hier, im Keller, im dunklen Verlies unserer Trauer, hier können wir uns treffen und beginnen.

Ich möchte dir die Hand reichen und dir den Mut geben, dich aus dem tiefen Keller der Ohnmacht und Fassungslosigkeit auf den Weg zurück ins Licht, ins Leben zu machen … damit es weitergehen darf.

Kapitulation

Du hast das Recht zu trauern. So tief und so lange, wie es dir passt. Es ist dein Verlust, egal wie er zustande kam – er ist Teil deines Lebens, und wie du damit umgehst, geht nur dich etwas an. Und du bist nicht allein. Wir sind sehr viele.

Da sitzt du nun also im Keller deiner Trauer, deiner Ohnmacht und deiner Einsamkeit. Niemand weiß, wie tief dich dein Verlust getroffen hat, und du fühlst dich abgeschnitten vom Licht, vom Leben, fühlst dich unfähig, als Versagerin und vom Leben ausgeschlossen. Du weißt nicht, ob du jemals Mutter eines (oder noch eines) gesunden Kindes sein wirst, ob das Leben dir eine (weitere) Seele anvertraut, ob ein Kind sich durch dich inkarnieren möchte. Du sehnst dich nach deinem Kind, deine Arme und dein Leben sind leer ohne dieses Baby. Die Leere, die dieser Tod hinterlässt, ist unfassbar. (Und hattest du eine Abtreibung, dann verbietest du dir vielleicht sogar zu trauern, denn du hast es ja selbst so gewählt.)

Die Außenwelt versteht deine Trauer, deine unermessliche Sehnsucht oft nicht, oder sie dauert ihr zu lang, geht ihr zu tief, du sollst dich womöglich endlich zusammenreißen, du hast ja (vielleicht) noch andere Kinder – und überhaupt, das Leben geht weiter. Du fühlst dich besonders vom Kreis der Frauen ausgegrenzt, missverstanden, verurteilt, denn jede hat einen anderen Ratschlag, weiß etwas anderes. Einige glauben sogar zu wissen, warum du diese Erfahrung machen musst, und fühlen sich insgeheim überlegen und erleichtert, dass es sie (diesmal) nicht getroffen hat. Dein Partner ist vielleicht selbst in Trauer oder versteht dich nicht wirklich, hat er doch das beginnende Leben nicht im eigenen Körper gespürt. Damit ist der Verlust für ihn vielleicht weniger real als für dich. Er fühlt sich nicht als Versager, denn er hütete das Leben nicht in seinem Schoß, kann es vielleicht nicht nachvollziehen, wenn du mit dir selbst haderst.

Erlaube mir, mich zu dir zu setzen und deine Hand zu halten oder einfach bei dir zu sein. Ich teile deinen Schmerz, und mit mir teilen ihn nahezu alle Frauen, die jemals auf dieser Erde gelebt haben. Das macht ihn nicht weniger tief. Aber du bist nicht allein. Diesen Keller bevölkern sehr viele Frauen, alle sitzen in ihren Verliesen und glauben, sie wären allein auf dieser Welt und mit dieser Erfahrung.

Gerade eben bin ich nach Hause gekommen. Ich war in der Stadt und habe mit einer Verkäuferin, die ich aus einem Seminar kenne, über dieses Buch gesprochen. Sie schluckte und sagte, auch sie habe zwei Fehlgeburten hinter sich, wisse aber nicht, mit wem sie darüber reden könne. Im Laden waren zwei weitere Frauen. Ich schaute meine Bekannte an und sagte: »Sei sicher, hier im Laden gibt es mindestens noch eine außer uns beiden, die das Gleiche erlebt hat.« Eine der Frauen wurde aufmerksam, und ich sagte: »Fehlgeburten. Wir reden über Fehlgeburten.« – »Ja«, meinte sie. »Es war ein Junge, ich habe ihn verloren …«

Wir sind Frauen, wir erleben Fehlgeburten. Und wir sind überall, schau dich um. Wenn du gerade jetzt in deiner Nähe eine Frau siehst, dann ist die Wahrscheinlichkeit sehr hoch, dass sie deinen Schmerz teilt und sich mit ihm genauso allein fühlt wie du. Liebe Freundin, wir erleben dieses Schicksal fast alle. Wirklich. Wir reden nur nicht darüber, weil wir glauben, niemand verstünde uns, und oftmals reagiert das Umfeld auch unangemessen.

Es ist dein Schmerz, und du hast allen Grund zu trauern. Du trauerst um die Erfüllung deines Daseins als Mutter, um das erste Lachen, das erste Wort, du trauerst um ein erfülltes Leben mit einem Kind, auf das du dich zu freuen begonnen hast, um ein unermessliches Potenzial, das nicht gelebt werden wird.

Mutter Natur erlebt andauernd Fehlgeburten; jedes Mal, wenn ein Same, der auf die Erde fällt, keimt und der Spross dann doch abstirbt, handelt es sich um eine Fehlgeburt. Wenn du ein Unkraut herausreißt, so erlebt Mutter Erde eine Abtreibung. Fast jedes Tier kennt Fehlgeburten und Totgeburten. Beginnendes Leben zu verlieren gehört zum natürlichen Lebensrhythmus – was dir nicht den Schmerz nimmt, aber hoffentlich die Verantwortlichkeit, das Gefühl, schuldig zu sein, das Gefühl, versagt zu haben.

Denn womöglich schämst du dich gar, glaubst, etwas falsch gemacht zu haben. Hättest du nicht früher diese Folsäure nehmen sollen, hast du dich überanstrengt, war deine Angst vor der Zukunft zu groß? Hast du es unbewusst abgelehnt?

Ich habe während eines Seminars zum inneren Kind gespürt, wie es plötzlich kalt wurde in meinem Bauch, und ich habe mir danach lange Zeit Vorwürfe gemacht, weil ich dachte, die Schmerzen der inneren Kinder meiner Teilnehmer wären zu viel gewesen für meine Kleine, zumal Mike, der Vater, nicht dabei war. Ich hatte das Krafttier unseres Babys, ein Schäfchen, während der Eingangsmeditation gespürt und es gebeten, das Kind während des Seminars zu halten und zu schützen. Später rief ich Mike an und bat ihn um Schutz für uns, und er gab uns diesen Schutz liebevoll und deutlich spürbar – und dennoch wurde es kalt.

Vielleicht ist an dem Tag nichts passiert, doch als dann die Fehlgeburt kam, erinnerte ich mich sofort an den Schrecken und die Kälte in meiner Gebärmutter, und ich kommunizierte lange mit der Seele. Ja, es kann sein, dass ihr all diese Schmerzen zu viel waren, dass sie erst dann erkannte, worauf sie sich einließ – aber so ist es nun mal, und es ist vielleicht sogar richtig und gut, dass sie sich anders entschieden hat. Wer weiß. Vielleicht wäre sie an der Welt zerbrochen.

Manche Seelen schaffen es einfach nicht, etwas in ihnen ist nicht gemacht für den physischen Ausdruck ihrer selbst. Sie kommen aus Liebe, um diesen physischen Ausdruck zu verschenken, doch sie zerbrechen an den Umständen.

Unser Gefühl ist, dass unser Seelenkind ausprobieren wollte, ob es als unser Kind würde kommen können, obwohl es ursprünglich nicht vorgehabt hatte, sich zu inkarnieren. Die Seele ist zu licht, ihre Schwingung passt noch nicht zur Erde. Vielleicht später einmal, wenn wir, die wir stabil genug sind, um unser Licht auf die Erde zu bringen, eben diese Erde durchlichtet haben. Klingt das zu esoterisch? Es ist eine Sicht der Dinge. Uns hilft sie.

Warum erzähle ich dir das? Abgesehen davon, dass ich will, dass du weißt, dass ich dein Schicksal teile, hast du vielleicht eines vergessen: Du selbst hast nur zu einem Viertel Anteil an einer Schwangerschaft. Du trägst nicht die ganze Last der Verantwortung, sondern nur einen Teil, und wie gewichtig dieses Viertel ist, wissen wir nicht einmal. Ein Kind entsteht, wenn sich vier Energien (vier ist numerologisch gesehen die Zahl der Erde, der Manifestation) harmonisch zusammenfinden. Die Mutter, der Vater, die Seele des Kindes und das Leben, die Kraft der physischen Manifestation selbst. Fehlt ein Teil, dann geht es nicht. Vielleicht ist die Entscheidung der Seele des Kindes viel maßgeblicher, als du glaubst; vielleicht trägt das Leben, die Manifestationskraft, selbst am Ende die Verantwortung, ob es sich weitergibt oder ob es hier nicht fließen will, zumindest nicht als Kind.

Hier unten, am tiefsten Pol deiner Einsamkeit, darfst du kapitulieren und endlich loslassen, was du sowieso nicht beeinflussen kannst. Du weißt selbst, unter welch absurden und ungünstigen Umständen gesunde Kinder geboren werden können. Überschätze nicht deinen Einfluss als Mutter. Dein Wunsch, Mutter zu werden, aber auch dein Nein zu einem Kind ist für das Leben weniger ausschlaggebend, als wir das oft annehmen. Es gibt sich selbst auf seine eigene Weise weiter, ob es dir gefällt oder nicht.

Du kannst nicht so besonders viel falsch machen, wie du vielleicht glaubst und dir vorwirfst. Selbst wenn du in Angst erstarrt warst und dein Kind in Wahrheit nicht haben wolltest, entscheidet doch das Leben selbst, ob es kommt oder nicht, selbst wenn du zu drastischen Maßnahmen greifst. Verstehst du, das Leben lässt sich nicht durch ein bisschen negatives Denken oder Zukunftsangst verhindern, es ist zusammen mit dem Tod die stärkste Kraft dieses gesamten Planeten. Wenn eine Seele kommen will, wenn das Leben sich durch ein Kind ausdrücken will, dann geschieht das auch. Schau dich auf diesem Planeten um, und dann frag dich noch mal, ob ein wenig Angst das Leben in Zaum halten, gar verhindern kann.

Eine meiner Großmütter wurde im Zweiten Weltkrieg an der Front sicherlich nicht besonders erwünscht schwanger. Sie wirkte dort als Rote-Kreuz-Krankenschwester, und ich bin sicher, dass sie mehr Schmerz und Leid gesehen hat, als ich mir das überhaupt vorstellen will. Dennoch hat sie ein gesundes Kind geboren. Meine andere

Großmutter erlebte während ihrer Schwangerschaft, wie ihr Haus zerbombt wurde; sie verbrachte Tage im Luftschutzbunker und flüchtete am Ende mit ihrem Kind im Bauch, während mein Großvater an der Front kämpfte, wie so viele, viele andere auch.

Ich dagegen war in einer sehr sicheren Umgebung, alles war möglich – und doch starb das Kind. Das ist völlig unlogisch, doch es scheint eine höhere Gesetzmäßigkeit zu geben.

Du kannst einfach nichts dafür, dass du dein Kind nur für kurze Zeit in dir hüten, nähren und tragen durftest – oder wolltest. Das Leben ist immer stärker. Selbst wenn du dich für eine Abtreibung entscheidest, wird das Leben sich durchsetzen, wenn es sich durch das Kind manifestieren will. Das Leben ist stärker als deine Entscheidungskraft. Es wird dir die entsprechenden Gefühle und Informationen geben, stärker und dringlicher, als du es dir vielleicht vorstellen kannst. Du wirst von der Liege, schon in Narkose, aufspringen, wenn das Leben will, dass dieses Kind kommt, weil der Impuls so stark sein wird. Wenn das Leben dir erlaubt oder anträgt, das Kind nicht zu bekommen, wenn du die entsprechenden Gefühle und Gedanken in dir wahrnimmst und keine zwingenden anderen Impulse kommen, dann ist es auch richtig so.

Du kannst dich nicht falsch entscheiden, und du kannst nichts falsch machen. Das Leben lässt sich weder zwingen noch verhindern.

Heißt das, wir sind eben nicht Schöpfer unserer eigenen Wirklichkeit? Nun, es stimmt nicht immer. Auf höherer Ebene bist du immer Schöpfer, aber als Mensch nicht.

Ich kann es nicht oft genug sagen: Natürlich richtest du dich immer wieder aus, schaust tief in dein Herz und orientierst dich an dem, was du willst, öffnest immer wieder dein Aurafeld und erlaubst, dass sich das Höchste, Beste manifestiert. Aber mehr kannst du nicht tun. Immer dann, wenn auch andere Seelen mit im Spiel sind, wirkt auch deren freier Wille, und es gibt nicht nur »Ich erschaffe«, sondern auch »Dein Wille geschehe«. Ein bisschen Demut stünde uns oft gut an.

Zwar hat alles mit uns zu tun, unsere Gedanken, unsere Gefühle und besonders unsere Absicht erschaffen die äußeren Umstände – aber nicht nur. Du bist auf die Erde gekommen, um im Dienst am Leben zu sein, um dem Leben zur Verfügung zu stehen, und du hast seelische Verabredungen getroffen, die dir wahrscheinlich in keiner Weise mehr bewusst sind. Diese Verabredungen spiegeln deine tiefe Absicht, sie sind das, was tatsächlich wirkt, egal was du dir gerade wünschst. Diese Verabredungen wirken und zeigen sich in den äußeren Umständen, die dir begegnen.

So dürfen wir schauen, welche Resonanzen sich zeigen, was wir lernen können, was es eventuell gar für die ganze Ahnenreihe zu erlösen gilt. Mit diesen Themen werden wir uns später intensiv beschäftigen. Vielleicht ist deine Seele einfach so liebevoll, dass sie sich bereitwillig zur Verfügung gestellt hat, ohne zu ahnen, was das für den Menschen, der du bist, für die Frau, für die Mutter bedeutet. So, wie wir auf der menschlichen Ebene Demut lernen dürfen, so darf unsere Seele Mitgefühl mit dem Menschen entwickeln, als der sie sich verkörpert.

Oft genug höre ich: »Ich will so gern schwanger werden und ein Kind haben, was soll ich nur machen?« Ungewollte Kinderlosigkeit ist ein riesiges Thema – als läge es in unserer Macht, ein Kind zu bekommen. Ganz ehrlich, ist das nicht absurd? Der Wunsch, Mutter zu werden, ist eine Einladung an eine Seele, sich zu inkarnieren, eine Einladung, mehr nicht. Mütterliche Kraft ist Hingabe an das Leben, kein »Haben-Wollen«. Erich Fromm schreibt in seinem Buch »Die Kunst des Liebens« über die Mutterliebe, dass ihr eigentliches Wesen darin bestehe, das Kind beim Heranwachsen zu begleiten – und genau dazu gehöre auch, dass Mutter und Kind getrennt würden. Dies, betont Fromm, sei der hauptsächliche Unterschied zur erotischen Liebe, in der es um die Vereinigung zweier bisher getrennter Menschen gehe. Im Gegensatz zu dieser Liebe würden in der Mutterliebe zwei Menschen, die ursprünglich eins seien, getrennt – und genau diese Trennung sei das, was die Mutterliebe nicht nur dulden, sondern fördern müsse.[1]

1 Im Originalwortlaut findest du diese Aussage zum Beispiel in folgender Ausgabe: Erich Fromm: »Die Kunst des Liebens.« Müchen: Deutscher Taschenbuch Verlag, 1995. Seite 86.

Dazu gehört auch, dass du aus lauter Liebe zu deinem Kind darauf verzichtest, es zur Erde holen zu wollen, wenn es nicht kommen mag …

Klingt das idealistisch? Ja. Und dennoch liegt hier ein Schlüssel zu innerem Frieden, zu echtem Loslassen verborgen. Denn deine innere Mutter kann loslassen und nähren zugleich; es ist ihr Wesen, ihre Bestimmung, bedingungslos zu lieben.

Was ist das denn für eine Idee, es läge in unserer Macht, eine Seele auf die Erde zu holen? Wie kommen wir dazu, zu glauben, wir hätten ein Recht darauf oder die Kontrolle darüber, dass eine Seele sich auf den langen Weg zur Erde macht, nur weil wir Mutter sein wollen? Wie kommen wir auf die Idee, unser Wunsch wäre dem Kind und dem Leben Befehl? Wollen wir wirklich eine Seele auf die Erde zerren, nur weil wir Mutter werden wollen? Was ist denn das für eine Liebe?

Ein bisschen Hingabe an die Lebensrhythmen stünde uns nicht nur gut, sondern hier liegen auch echte Erlösung und Heilung. Wir können eine Menge tun, von der Reinigung unseres Hochzeitskorbes über energetische Arbeit bis hin zu einer Lichtverbindung zur Seele unseres Kindes, doch ob es sich tatsächlich als Mensch manifestieren wird oder nicht, darauf haben wir keinen Einfluss.

So, wie es ist, ist es vom Leben gewollt, und wir dürfen lernen, »Wozu?« statt »Warum?« zu fragen und offen für eine echte Antwort zu werden. Wenn du ein Kind verloren hast, dann gibt es, so absurd sich das anfühlen mag, eine im Moment wichtigere Aufgabe für dich, vielleicht auch für die Seele deines Kindes – eine Aufgabe, die dem Leben inniger und tiefer dient als eure gemeinsame Schwangerschaft und die Geburt. Du magst diese Aufgabe im Moment nicht erkennen, aber sei sicher, sie ist da.

Die seelische Ebene

Wenn du als Seele zu Erde kommst, dann bist du im Leib deiner Mutter vollkommen genährt; du musst nicht für dich selbst sorgen, denn du wirst wie in deiner Lichtheimat von Energie durchströmt und gehalten. Der Körper deiner Mutter ernährt dich, du brauchst nichts zu tun, weder zu atmen noch zu essen. Du spürst noch kein Gewicht, bist noch nicht ganz irdisch.

Erst bei der Geburt kümmerst du dich zum ersten Mal um dich selbst, indem du atmest. Mit deinem ersten Atemzug triffst du die Entscheidung, die Verantwortung für dich selbst zu tragen, dir zu holen, was du brauchst. Du erlebst mit dem ersten Einatmen das Nehmen, mit dem ersten Ausatmen das Loslassen, das Abgeben, und damit bist du in der Dualität angekommen. Du erblickst das Licht der Welt und bist ein Erdenbürger. Das Zwischenstadium ist beendet. Du wechselst aus dem »Sein«, dem Geschehenlassen, dem weiblichen Pol Yin, in das »Tun«, das Aktive, den männlichen Pol Yang, und nimmst damit das Leben auf der Erde an. Das ist das erste Mal in deinem Sein als Seele, dass du etwas tun musst, um zu überleben. Ab jetzt ist Sterben ein schmerzlicher Loslösungsprozess vom Körper.

Viele Seelen wollen sich dieser Erfahrung des Lebens, in der eben auch Mangel, Leid und Tod stattfinden, nicht aussetzen, sondern wählen die körperliche Erfahrung nur bis zu einem gewissen Inkarnations- und Entwicklungsstadium. Ist eine Seele noch nicht geboren, ist es noch relativ leicht für sie, den Körper wieder zu verlassen. Erst mit dem ersten Atemzug inkarniert sie sich so tief, dass das Sterben wirklich als Sterben erlebt wird, zumindest zeigt das die Erfahrung. (Wenn du es anders erlebst, dann verneige ich mich vor deiner Erfahrung und hoffe, du findest einen anderen Satz in diesem Buch, der dich berührt und dir hilft.)

Viele Seelen probieren zunächst aus, wie sich das Menschsein anfühlt, und oft genug ist auch der bewusste Schwangerschaftsabbruch mit der Seele abgesprochen, bildet eine Art Reißleine aus dem Menschsein heraus und zurück in die seelische Heimat. Wenn eine Seele befürchtet, dass sie zu fest im Körper hängenbleiben könnte, obwohl sie nur mal in das irdische Leben hineinschnuppern wollte, dann verabredet sie häufig eine Abtreibung, inkarniert sich in einer Frau, deren Nein dafür sorgt, dass die Seele nicht den ganzen irdischen Weg gehen muss.

Viele Seelen sind zu feinstofflich, viel zu licht, als dass sie tatsächlich als Mensch in der Dichte der Materie, mit allen Gefühlen, Herausforderungen und Erfahrungen, die das Menschsein eben so mit sich bringt, leben könnten. Diese Seelen probieren aus, wie es ist, sich zu inkarnieren. Sie kommen als sehr lichtvolle Wesen zu uns, du wirst schwanger und spürst, dass eine ganz besondere Seele bei dir ist, die dein Herz mit tiefster Liebe erfüllt – und doch kannst du ihr nicht erlauben, bei dir zu bleiben. Du fühlst dich, als seist du besetzt worden, bekommst Panik bei dem Gedanken, diese Seele ins Leben zu holen – nun, ein Teil der Panik ist womöglich gar nicht deine eigene, sondern die der Seele, die das Menschsein nur ausprobieren will und nun Angst bekommt, den ganzen Weg gehen zu müssen! So ringst du dich zu einem Abbruch durch, fühlst dich schuldig und trägst schwer an der Last der Verantwortung – und hast doch nur getan, was verabredet war.

Wenn die Seele von sich aus geht, wenn sie sich dazu entscheidet, nicht als Mensch geboren zu werden und damit nicht den vollen Erdenweg zu gehen, erleidest du einen unermesslichen Verlust. Doch die Seele selbst hat gespürt, dass sie (manchmal auch *noch*) nicht zum Menschsein geschaffen ist, und bleibt womöglich als Lichtkind bei dir, bleibt in deiner Aura, bleibt auf der Seelenebene mit dir verbunden.

Viele Seelen bitten uns, wenn wir zur Erde kommen, durch uns ausprobieren zu dürfen, wie es sich anfühlt, ein Mensch zu sein, und aus lauter Liebe bieten wir ihnen an, unseren Körper zu nutzen.

Warum auch immer du dein Kind nicht ausgetragen hast – du hast die Verabredung mit dieser Seele eingehalten und ihr ermöglicht, für genau die Zeitspanne als Mensch zu leben, die für sie stimmig war.

Wir unterschätzen nur völlig den emotionalen Preis, den wir für das Ermöglichen dieser Erfahrung zahlen müssen – eben weil wir Menschen sind. Am Ende leisten wir einen Liebesdienst an der Seele, indem wir ihr ermöglichen, mal »reinzuschnuppern« und dann wieder zu gehen, noch bevor sie den irdischen Weg tatsächlich antritt.

Nicht jede Seele möchte also gleich »das volle Programm«, nämlich als für sich selbst verantwortlicher Mensch leben; viele probieren das Leben mit der Materie aus, entscheiden sich dann aber zunächst dagegen oder üben erst ein paar Mal.

Es kann ein Akt immenser Hingabe und größter Liebe sein, einer Seele nach ein paar Wochen den Weg zurück nach Hause zu ermöglichen. Du bist Mutter, wenn auch nur für ein paar Wochen, und schenkst deinem Kind durch deinen Körper die Möglichkeit, sich selbst als Mensch zu erfahren. Das ist die Essenz des Mutterseins. Du hast nur sehr wenig Einfluss darauf, wie lang diese Erfahrung dauert, weil die Seele die Dauer ihrer Inkarnation, ihres Lebens im Fleische, selbst bestimmt.

Da eine Abtreibung eben zumeist abgesprochen ist, unterliegt sie der Entscheidung der sich inkarnierenden Seele. Den Preis für den Abbruch zahlen deine Zellen, zahlt deine innere Mutter, aber die Verantwortung trägt die Seele, die dich als Mutter gewählt hat, selbst wenn du innerlich Nein zu dieser Wahl gesagt hast.

Genauso trägst du selbst die Verantwortung, wenn du als unerwünschtes Kind geboren wurdest, denn es war deine Entscheidung, das Nein der Frau zu umgehen und sie dir dennoch als Mutter auszusuchen. Ich weiß, wie das klingt, und wir werden uns diesen Aspekt später genau anschauen – doch du kannst nicht wirklich in Frieden kommen, wenn du wichtige, wesentliche Anteile der Gesamtwahrheit ignorierst.

Es hilft sehr, wenn du weißt, dass selbstverständlich auch das Nicht-geboren-Werden zu den Erfahrungen gehört, die eine Seele sich wünscht. Wir alle wissen, welch riesige Herausforderung es ist, als Mensch auf der Erde zu leben. Ist es so verwunderlich, dass sich viele Seelen dazu entscheiden, erstmal in die Erfahrung »Menschsein« hineinzufühlen, bevor sie den ganzen Weg gehen? Und dennoch ist auch für diese Seelen die Erfahrung »Tod« oftmals stärker und umfassender, als sie es sich vorgestellt hatten – auch als ungeborener Mensch ist das Leben tief greifend und überwältigend, es nimmt dich als Seele völlig ein.

Mein Lichtkind meldet sich und will unbedingt zu Wort kommen und allen, die das Buch lesen, etwas sagen. Das hat es noch nie gemacht, und deshalb überlasse ich ihm hiermit meine physischen Werkzeuge:

Ihr auf der Erde seid wundervoll. Ihr schenkt uns Seelen immer wieder die Möglichkeit, zur Erde zu kommen. Die meisten von uns möchten nur ausprobieren, wie es ist, ein bisschen Körper zu haben. Bitte versteht:

Der karmische Weg beginnt mit der Geburt. Wenn wir einmal geboren sind, einmal geatmet haben, einmal die Verantwortung für unser Leben selbst übernommen haben, dann haben wir den irdischen Weg begonnen. Damit verändert sich unser Bewusstsein, und wir geraten in das duale Feld. Ihr könnt euch vielleicht nicht mehr daran erinnern, was das bedeutet. Es bedeutet, einen Erdenweg zu gehen, in einen Sog hineingezogen zu werden, in einen Bewusstseinsstrudel, der uns unweigerlich formt und verändert. Den irdischen Weg zu gehen bedeutet nicht, eben mal eine Inkarnation abzuliefern. Warst du einmal da, warst du einmal geboren, dann hast du eine Verabredung mit der Allseele, mit dem kosmischen Bewusstsein getroffen, etwas wie einen Pakt geschlossen.

Ihr spürt beim Lesen dieser Worte, wie immens und gewichtig dieser Vertrag für uns nicht inkarnierte Seelen ist. Wenn wir ihm zu nahe kommen, dann zieht es uns hinein in das Erdenleben, und dann verlieren wir die Selbstbestimmung, so, als stiegen wir in eine Achterbahn ein. Da kann man auch nicht auf halbem Weg aussteigen. Wenn wir uns für ein paar Wochen inkarnieren, dann ist es, als kauften wir eine Fahrkarte. Erst mit der Geburt steigen wir ein, schnallen uns an – und verlieren ab dem Moment unsere bewusste Selbstbestimmung. Wir müssen uns auf den langen, langen Weg machen, diese Selbstbestimmung im Körper wieder zu finden, und ihr wisst alle, was das für ein Weg ist und wie schwer und steinig er sein kann.

Viele von uns haben einen so großen Respekt vor diesem Weg, dass wir uns einfach nicht trauen, ihn zu gehen. Nur die stärksten und mutigs-

ten Seelen gehen den Erdenweg, denn es braucht eine gewisse innere Kraft, ein Seelenfeuer, eine Widerstandskraft, um sich auf diesen wirklich äußerst intensiven Erdenweg einlassen zu können. Wir kommen, tauchen den Fuß ins Wasser und entscheiden, ob wir schwimmen wollen oder nicht. In eurem Bauch auszuprobieren, wie es sein kann, einen Körper zu haben, bietet uns die Möglichkeit, das irdische Leben anzuprobieren, ohne dass wir damit die Umkleidekabine verlassen müssen, ohne dass wir uns in unserer Form zeigen, ohne dass unsere Energie im Erdenfeld spürbar und damit auch hineingewebt wird.

Einige von uns probieren es immer wieder aus, weil sich das Erdenergiefeld dank eurer immensen und so unfassbar kraftvollen Lichtarbeit so schnell ändert. Wir testen, ob uns das Wasser jetzt warm genug, klar genug, lebendig genug ist und ob es zu unserer Seelenenergie passt. Das sind viele Bilder, anders können wir es nicht ausdrücken. Ihr könnt euch vielleicht daran erinnern, wie unfassbar groß der irdische Strudel, der Sog ist, wenn ihr einmal begonnen habt, den irdischen Weg im Körper zu gehen, und es ist kein Wunder, dass sich viele von euch immer wieder nach Hause sehnen. Ihr habt unser tiefstes Verständnis und Mitgefühl und unsere unendliche Dankbarkeit dafür, dass ihr nicht nur den Weg geht, sondern uns immer wieder ein Tor öffnet, durch das wir hindurchschreiten wollen oder eben nicht – DANKE, dass ihr euch als unsere Mütter zur Verfügung stellt. DANKE.

Manches Mal kommen wir auch für euch, um euch etwas zu zeigen. Wir sind verabredet, damit ihr eine Entscheidung trefft. Schwanger zu werden ist für euch wie ein irdischer Katalysator; das Leben zeigt sich auf einmal in aller Dringlichkeit, und wir stehen dafür gern zur Verfügung – sind allerdings sehr erleichtert, wenn wir diesen Körper dann auch wieder verlassen dürfen …

Das ist die seelische Ebene, und es hilft sicher, das zu wissen. Doch es nimmt der physischen Ebene nicht den Schmerz, nicht die Ohnmacht, nicht die Trauer.

Es gibt eine Ebene des Lebens, auf die wir keinen bewussten Einfluss haben, eine Ebene, vor der wir uns verneigen und die wir anerkennen müssen. Gerade in einer Zeit, in der Bücher über das Erschaffen und Schöpfen beinah überhandnehmen und uns die Idee von Allmacht in den Kopf setzen, wenn wir nicht tiefer schauen, ist die Erfahrung von Hingabe und Kapitulation für viele mit »Versagen« gekoppelt. Hättest du dich ein bisschen mehr bemüht, positiver gedacht, gefühlt, wärst du bereiter gewesen, dann hätte es doch klappen müssen, oder?

Nein, liebste Freundin, so läuft das nicht. Du kannst dem Leben nur Angebote machen. Das Leben selbst entscheidet, ob es sie annimmt oder nicht, denn hier geht es nicht um deine Wünsche. Ja, du willst Mutter sein. Aber was bedeutet das? Es bedeutet, einer Seele zu dienen, ihr deinen Körper zur Verfügung zu stellen, ihr den Raum zu geben, sich auf der Erde zu inkarnieren. Ob eine Seele diese Einladung annimmt oder nicht, das liegt in keiner Weise in deiner Macht.

Dein inniger Wunsch, Mutter zu werden, in allen Ehren – er ist nur die eine Seite. Wenn es keine Seele gibt, die gerade mit dir verabredet ist, dann kannst du nichts machen – außer zu kapitulieren.

Ja, du hast eine tief gehende, sehr traumatische Erfahrung von Tod gemacht, egal wie er zustande kam. Du hast das Recht zu trauern so lange deine Trauer dauert, selbst wenn das für den Rest deines Lebens der Fall ist. Aber du hast nichts falsch gemacht. Weder weil du ungewollt schwanger wurdest noch weil du ein Kind verloren hast – und schon gar nicht, wenn das Kind in deinem Leib krank war und du dich deshalb für einen Abbruch entscheiden musstest.

Das Leben ist stärker als dein Bewusstsein, sei dir dessen sicher. Wie viele Frauen gibt es, die sich dringlich, sehnlich ein Kind wünschen, seit Jahren nicht verhüten und dennoch nicht schwanger werden? Wie viele Kinder wurden im Krieg geboren, in einer Zeit, in der Existenzangst in jedem Atemzug lag? All deine Ideen darüber, warum du nicht gut genug warst, kannst du wirklich vergessen – das Leben lässt sich weder aufhalten noch zu etwas zwingen.

Und das ist das Schwerste: Wir können es nicht kontrollieren. Nie werden wir existenzieller mit unserer grundlegenden Hingabe an das Leben in Kontakt gebracht als gerade jetzt, wenn wir selbst Leben gebären wollen oder eben nicht wollen. Wir müssen kapitulieren, denn offensichtlich hat sich die Entscheidung des Lebens selbst als stärker erwiesen.

Die urweibliche Kraft, die Yin-Energie, wie die Chinesen sagen, ist Hingabe – im Gegensatz zur männlichen Tatkraft Yang. Wir tragen selbstverständlich beide Kräfte in uns. Aber das Empfangen und Austragen eines Kindes ist ein zutiefst weiblicher Akt, er geschieht in der völligen Hingabe an den Wunsch und den Willen einer Höheren Macht, nämlich des Lebens selbst.

Wir in unserer weiblichen Energie sind Erde, wir stehen dem Leben zur Verfügung, wir geben Raum, nicht Impuls. Unsere männliche Energie gibt nach außen, kommt in die Tat, verbindet sich mit den Sternen und setzt Impulse nach außen. Das nutzt uns hier nicht viel.

So trauerst du um den Verlust deines Kindes und des Lebens, das du als seine Mutter mit ihm führen wolltest. Doch ein Teil der Trauer gehört sicher zu der zugrunde liegenden Ohnmacht. Du erkennst, wie absolut das Leben ist, wie rigoros du ihm ausgeliefert bist, wie unermesslich tief die weibliche Hingabe reicht. Du stellst dich dem Leben zur Verfügung, selbst wenn das bedeutet, dass du dem Tod dienst. DAS ist die weibliche Initiation, und du erlebst sie gerade.

Auch wenn du eine Abtreibung hinter dir hast, hast du die tiefe Erfahrung von Hingabe erlebt – so, wie du keinen bewussten Einfluss auf dein Ja zum Kind hast, so hast du auch keinen bewussten Einfluss auf dein Nein. Du kannst nicht wählen, sondern es geschieht in dir, sehr zwingend und dringlich. Es wählt in dir; tiefere innere

Prozesse als dein bewusster Verstand wirken und entscheiden für dich. (Bist du ungewollt schwanger geworden, so ist es sicher wichtig, sich mit dem Thema »Unerwünschtsein« auseinanderzusetzen; darüber, wie gesagt, später mehr.)

Dein Kind ins Licht begleiten

Vielleicht leidest du sehr darunter, dass du dein Kind nicht begleiten konntest, als es diesen Körper, so winzig er auch war, wieder verlassen hat. Du konntest seine Hand nicht halten, nicht da sein, seinen letzten Herzschlag nicht überwachen. Möglicherweise warst du in Narkose, hast den Moment nicht bewusst miterlebt, als es nach Hause zurückgekehrt ist. Vielleicht hast du selbst entschieden, ihm das Leben auf der Erde nicht zu gewähren, und fühlst dich dunkel und schuldig.

Es gibt einen Dienst, den du ihm erweisen und mit dem du das wiedergutmachen kannst: Unterstütze und halte es auf seinem Weg.

Es ist wirklich völlig egal, ob die Seele schon inkarniert war oder nicht, wie viele Arme und Beine der Körper hatte und wie groß er war. Dein Kind war ein Teil von dir, du hast es in deinem Körper genährt und beherbergt, und damit ist es für dich real. Egal was die Umstehenden, sogar egal was der Vater sagt, du hast es gespürt, du warst mit ihm verbunden, hattest entweder riesige Angst vor dem, was da auf dich zukam, warst zwiegespalten oder überglücklich – oder all das in dieser Reihenfolge. Du hast diese ganz besonderen Hormone erlebt, egal ob es dir gefiel oder nicht, dein Körper veränderte sich, deine Gefühle waren »schwanger«. Für dich ist dieses Kind, diese Inkarnation, diese Seele, spürbar, echt, du warst nicht nur in emotionaler und seelischer, sondern auch in körperlicher Wechselwirkung mit ihm, und damit ist es ein Teil von dir als Mensch und deinem irdischen Leben.

Es kann sein, dass du viel Unverständnis erntest, aber du weißt, was du fühlst. Weil du das Kind in deinem Körper gespürt hast, egal wie groß es war und egal ob die Seele nun schon inkarniert ist oder nicht, ist es für dich real und braucht ein bewusstes, physisches Abschiedsritual.

Zunächst möchte ich dir eine Reise anbieten, eine Reise zum Moment des Todes, und ich weiß, dass sie dich sehr aufwühlen kann. Lies diese Reise bitte so neutral wie möglich durch, bevor du dich darauf einlässt, damit du entscheiden kannst, ob du dabei Begleitung brauchst oder ob du sie ganz allein für dich erleben willst – und kannst.

Die Lichtbrücke – eine Zeitreise

Bitte bereite dich darauf vor, zurück zu dem Moment zu gehen, in dem die Seele deines Kindes entschied, diesen gerade erst gebildeten Körper zu verlassen – oder zu dem Moment, in dem sie den Körper verlassen musste, weil du es so entschieden hast, aus welchen Gründen auch immer.

Stell dir dazu bitte vor, du betrittst eine Felsenhöhle oder deine Gebärmutter, einen lichtvollen Raum – das, was sich dir jetzt gerade zeigt. Es kann sehr dunkel und düster oder auch sehr lichtvoll und hell sein.

Bitte die Seele deines Kindes und deine eigene innere Führung und deine Lehrer, dich genau zu dem Zeitpunkt der Trennung von Körper und Seele zu führen, auch wenn du nicht weißt, wann das geschehen ist.

Sieh dein Kind, wie es in dieser Höhle oder deiner Gebärmutter liegt. Setz dich bitte zu ihm, und ja, es ist egal, wie es dir dabei geht, diese Reise unternimmst du für dein Kind.

Es kann sein, dass du nur schwer atmen kannst – erlaube dir bitte, dazubleiben, damit du heil werden kannst. Brich diese Reise aber unbedingt ab, jetzt, wenn es dir zu viel wird. Diese Reise ist nur ein Angebot.

Setz dich also zu deinem Kind, egal wie es gerade aussieht, egal wo es sich befindet. Geh hinein in diese Höhle, und teil den Raum mit ihm. Wenn du magst und es möglich ist, dann nimm es in den Arm und halte es.

Sag ihm folgenden Satz: »Ich bin bei dir, und ich halte dich. Ich bin auch dann bei dir, wenn du stirbst.«

Selbst wenn du dieses Sterben selbst verursacht hast, sei bei deinem Kind. Das klingt zynisch, ist es aber nicht.

Atme in dein Herz, und dann schick einen Strahl der Liebe oder des Lichtes in dein Kind, in sein Herz oder einfach in das Licht hinein, das sich in dieser Höhle befindet.

Halte diese Verbindung über das Herz, und nun frag bitte die Seele deines Kindes, was ihr vereinbart habt. Wenn du magst, dann bitte sie um Vergebung dafür, dass du dem Kind keine physische Mutter sein kannst, aus welchen Gründen auch immer. Vielleicht aber willst du dein Kind fragen, warum es zu dir gekommen ist, wenn es doch gleich wieder geht – oder wozu es zu dir gekommen ist, obwohl du im Moment nicht bereit bist, Mutter zu werden. Lass dir bitte Zeit, und GLAUBE, was du wahrnimmst. Mehr haben wir nicht, als unsere Wahrnehmung für wahr zu halten.

Ruf einen Lichtstrahl, der der Seele des Kindes den Weg nach Hause zeigt; ruf ihn, indem du einfach seinen Schutzengel darum bittest, dir diesen Strahl zu schicken. Du brauchst dazu nicht an Engel zu glauben. Wenn es eine Seele gibt, dann gibt es auch andere geistige Kräfte, und diese rufst du.

Ruf all die Kräfte zu dir, die dafür zuständig sind, diese Seele nach Hause zu geleiten – und erlaube, dass auch der Teil von dir, der mit dieser Seele nach Hause ins Licht gehen will, deinen Körper verlässt. Wenn du das bewusst erlaubst, dann ist es keine Abspaltung, kein Verdrängen, sondern ein bewusstes Loslassen.

Sieh nun, wie sich die Seele des Kindes nach und nach oder ganz schnell aus dem entstehenden Körper löst; erlaube dir, Trauer zu spüren, auch Schuld, Scham – eben das, was du spürst –, und bitte das Kind, die Seele des Kindes, um Segen. Bitte sie, dir zu vergeben oder dann wiederzukommen, wenn es für euch beide besser passt; lade sie ein, als Lichtkind bei dir zu sein – was immer jetzt für dich richtig ist. Das Wichtigste ist: Sei da, wenn die Seele geht, sei da, und sei ihr menschlicher Zeuge.

»Ich sehe dich, und ich sehe deinen Schmerz« ist ein äußerst hilfreicher Satz; verneige dich vor der Seele, wenn sich das gut anfühlt, und sag ihr: »Ich achte dein Schicksal, ich achte deinen Weg, und ich sehe deinen Schmerz – du hast mein volles Mitgefühl.«

Vielleicht brauchst du etwas von der Seele; bitte sie darum, dir etwas zu geben, was dir den Abschied leichter macht.

Die Seele steigt nun in der Lichtsäule nach oben und kehrt nach Hause zurück, nimmt alles mit, was zu ihr gehört.

Segne sie, und bitte sie, diese Erfahrung gut zu verarbeiten, und dann versprich dir selbst, bereit zu werden, mit dem, was geschehen ist, in Frieden zu kommen. Du brauchst nicht zu wissen, wie. Deine Bereitschaft, in Frieden zu kommen, ist der Schlüssel zur Heilung.

Nachdem du diese Meditation neutral gelesen hast, entscheide bitte sehr ehrlich, ob du sie durchführen kannst – wenn nicht, dann lass sie liegen. Vielleicht dient sie dir ja zu einem späteren Zeitpunkt.

Als ich diese Reise schrieb, versuchte ich, mein Kind, das durch eine Fehlgeburt gestorben war, in die Arme zu nehmen, aber es klebte förmlich am Mutterkuchen, ließ sich nicht lösen, und so konnte ich nur die Hand darauflegen. Das Sterben war mehr wie ein Hauchen, die Seele löste sich langsam wieder vom Körper. Aber dieses Gefühl, dass ich da war und es hielt, veränderte sein Bewusstsein; es erkannte, was das Menschsein wirklich meint, was in die Tat umgesetzte und gelebte Liebe bedeutet. Es ist nun als Lichtkind bei mir.

Als ich die Reise für das Kind, das ich abgetrieben hatte, durchführte, kam ich mir vor wie eine Heuchlerin – wie konnte ich dieses Kind halten, während ein Arzt es mir aus dem Bauch herausschabte? Ich legte es in die Arme von Mutter Maria und bat sie, sich um das Kind zu kümmern, und ich spürte auch, dass ich die Verantwortung dafür tragen und übernehmen musste.

Ich spürte den Lebenskampf, den ich dieser Seele zumutete. Das Kind klammerte sich am Körper fest, doch als es losließ, spürte ich seine immense Erleichterung und Freiheit, als atmete die Seele tief auf und dehnte sich aus. Trotzdem hüllte Mutter Maria es in ihren blauen Mantel, denn der Schock war zu groß, diese Seele brauchte zunächst einen stillen Raum, in dem sie sich ausruhen konnte. Mutter Maria verneigte sich vor mir und schickte mir sehr viel Heilung und Frieden. Doch als ich der Seele »Ich sehe dich und deinen Schmerz, und ich verneige mich vor diesem Schmerz und deinem Schicksal« sagte, war es auf einmal leicht. (Merkst du, dass ich nie »mein Kind« schreibe? Diese Seele war nicht »mein Kind«. Sie war meine Lehrerin, und sie lehrte mich, Verantwortung zu tragen.) Ich erhielt einen Schlüssel mit der Botschaft »Schließe dein eigenes Leben auf« als Sinnbild dafür, dass ich all die verschlossenen inneren Türen aufschließen, anschauen und erlösen, heilen und transformieren durfte und musste.

Weil der Preis, den wir beide zahlten, so immens hoch war, fühlte ich mich tiefer dazu verpflichtet, meinen eigenen Weg zu gehen, als ich es mir je hatte vorstellen können – und ich brauchte diese Verpflichtung, denn es gab lange Zeit anhaltenden und starken Gegenwind. Ich war es der Seele, die nicht zur Erde kommen durfte, weil ich meinen eigenen Weg ohne Kind und auch ohne diesen Mann gehen musste, einfach schuldig, diesen Weg dann auch zu gehen.

Heute sagt diese Seele: »Ich kam, um dich zu fragen, welchen Weg du gehen willst. Unsere Verabredung war: Ich komme zu einem wichtigen Wendepunkt und zwinge dich, eine Entscheidung zu treffen, indem ich dir ein Ultimatum setze, wenn du es verzögerst, deinen Weg zu gehen. Du musst entscheiden, wie dein Weg weitergeht. Gehst du deinen Weg so weiter, wie es verabredet war, dann brauchst du zwei wichtige Fähigkeiten: Demut und Mitgefühl. Das werde ich dich lehren.«

Wenn ich jetzt, heute, diese Seele frage, wer sie war, dann höre ich ein Lachen und »Du weißt es doch sowieso«. Und ja, ich weiß es. Das war meine eigene Geistführung. Kein Kind. Sondern mein Lehrer.

Wie nach jeder traumatischen Erfahrung kannst du nur eines tun: weitermachen. Und deshalb schreibe ich dieses Buch, deshalb liest du es – damit das Leben weiterfließen kann.

Dein Kind ist gestorben, und egal ob du es abgetrieben oder ob du eine Fehlgeburt erlitten hast: Du hast einen tiefen Verlust erlebt. Es gibt wahrscheinlich keinen Körper, den du beisetzen könntest – aber es darf dennoch ein Grab, eine Gedenkstätte geben.

So bitte ich dich, nimm deine Trauer so ernst, wie sie ist. Wie auch immer deine Umgebung reagiert, für dich und deine innere Mutter ist es wichtig, Abschied nehmen zu können und einen Ort zu haben, den ihr pflegen dürft und an dem ihr eure Liebe, auch eure eventuellen Schuldgefühle, ob angemessen oder nicht, die innere Leere, die Fragen, die unweigerlich nachfolgen, teilen könnt. Schenk deinem Kind einen Altar, besser noch einen Platz im Garten.

Ich habe zwei Jahre nach meiner Fehlgeburt den positiven Schwangerschaftstest beerdigt, mehr hatte ich nicht von meinem Kind. Nach meiner Abtreibung viele Jahre zuvor ging ich an einen für mich sehr heiligen Kraftort, betete für die Seele, zündete Kerzen an und verbrachte eine Nacht an diesem Ort, um die Seele nach Hause zu geleiten.

Bitte erlaube dir zu trauern, auch wenn du dich für einen Abbruch entschieden hast. Du bist nicht »selbst schuld«, sondern das Leben hat dich vor eine unlösbare existenzielle Frage gestellt, und du hast sie beantwortet. Gerade durch dein Nein, gerade weil du genötigt warst, diese Entscheidung überhaupt zu treffen, auch wenn sie richtig war, kann es sein, dass du sehr trauerst und am Leben verzweifelst.

Besorg eine Engelfigur, damit du sie auf den Altar oder an das Grab stellen kannst, schreib deinem Kind einen Brief, lass dir Zeit, dich zu verabschieden, und schenk dir selbst ein Trauerritual. Wenn du Freunde hast, die dich dabei begleiten, umso besser. Nimm dir eine schamanische Trommel, und trommle deinem Kind die Seelenreise nach Hause. Hast du keine Trommel, dann setz dich einfach so hin, hör vielleicht eine ruhige Musik, oder führ die Reise in Stille durch.

Diese Seelenreise unterscheidet sich von der ersten Meditation, denn sie führt dich nicht zum genauen Zeitpunkt der Trennung zwischen Körper und Seele, sondern du schaust, wie die Energien jetzt fließen – gerade jetzt, in diesem Moment.

Konntest du die erste Übung nicht durchführen, so hilft dir diese vielleicht. Hast du die erste Reise mit deinem Kind durchgeführt, so dient dir diese Reise womöglich dazu, noch tiefer loszulassen.

Seelenreise nach Hause

Stell dir eine Lichtsäule vor, einen Kraftstrom aus Licht, der aus dem höchsten Lichtbewusstsein bis hinein ins Herz der Erde reicht. Vielleicht kannst du dir den Inkarnationsstrahl aus der Eingangsgeschichte vorstellen.

Die Seele deines Kindes weiß womöglich nicht mehr, wie sie nach Hause kommen kann, weil sie sich schon ein wenig zu sehr in die Erdenschwere hineinbegeben hat.

Besonders wenn du eine gewollte oder ungewollte Abtreibung hattest, kann es sein, dass dein Kind einen Schock erlitten hat. Auch das darf sein, aber du darfst ihm helfen, den Schock zu lösen, wenn sich das für dich gut anfühlt.

Nun atme in deinen Bauch hinein, dorthin, wo es wehtut, wo die Leere schmerzt, und ruf die Seele des Kindes. Es kann sein, dass du deinen unermesslichen Verlust spürst; erlaube dir das, und bitte gleichzeitig deine und die Schutzengel der Seele, die bei dir ist, nun spürbar anwesend zu sein. Bitte die Schutzengel darum, die Seele nach Hause zu holen, ihr zu helfen, sich mit allem, was zu ihr gehört, aus dem Körper und dem Erdenergiefeld zu lösen, in der Lichtsäule nach oben zu steigen und nach Hause zurückzukehren – wo immer das sein mag. Die Schutzengel wissen das, das ist ihre Aufgabe. Bitte Mutter Erde, all die Energien, die zu ihr gehören, nach unten zu ziehen und in sich aufzunehmen. Lass zu, dass nun die Schwere, das Blut, die Leere und die Trauer, aber auch die Anteile des Kindes, die zur Erde gehören, in dem Lichtstrahl nach unten fließen.

Trommle oder halte das innere Bild in Stille so lange, bis du spürst, dass sich etwas löst, dass sich etwas verändert. Vielleicht ist es nur ein ganz kleines Gefühl, vertraue bitte dem, was du wahrnimmst, und sei SICHER, selbst wenn du gar nichts spürst: Du hast einen Raum geöffnet und angeboten. Die Spirits, die geistigen Heilkräfte, die Engel oder woran immer du glaubst, nutzen ihn. Immer wenn du einen Raum der Heilung zur Verfügung stellst, wirkt die höhere Ordnung, dann wirken Selbstheilungskräfte, seien es körperliche, geistige oder seelische.

Halte die Lichtsäule, solange es dir leichtfällt. Wenn du spürst, dass das Bild verschwindet (zum Beispiel weil diese innere Reise für dich neu und ungewohnt ist), dann lass sie los. Sie wirkt nach, selbst wenn du das Bild nicht mehr halten kannst – denn es ist in erster Linie deine Absicht, die auf hoher Ebene wirkt.

Selbstverständlich darfst du die Seele deines nicht geborenen Kindes auch ganz einfach in die schützenden und liebenden Arme von Mutter Maria oder auch von Kali legen. Ruf Maria oder Kali einfach zu dir, bitte sie, sich der Seele des Kindes anzunehmen, und sie wird es tun. Es ist egal, ob du in deinem Alltag spirituell lebst oder nicht – du befindest dich in einer Ausnahmesituation und darfst deshalb auch zu für dich womöglich ungewohnten Mitteln greifen.

Gibt es eine Kirche, in der du dich wohlfühlst, dann zünde eine Kerze für die Seele des Kindes an, und bitte Maria oder Jesus Christus (oder die Kräfte, denen du vertraust und die zu dir und deiner Kultur gehören), die Seele des Kindes sicher nach Hause zu geleiten.

Noch einmal: Egal ob du in deinem gewohnten Leben an etwas glaubst oder nicht, egal ob du betest, meditierst, in Kirchen gehst, schamanische Rituale durchführst oder nicht – du bist in einer existenziellen Ausnahmesituation und darfst dich deshalb neuen Wegen öffnen.

Alles, was dir irgendwie stimmig erscheint, wird zu deiner Heilung beitragen. Das Mysterium des Todes ist eine tiefe Urkraft, die sich der Kontrolle und dem gewohnten Denken entzieht. Rituale wirken in der Tiefe, selbst wenn dein kritischer oder gar zynischer Verstand sie anzweifelt. Das macht nichts. Er hat hier nichts zu sagen, denn er wird dich nicht heilen.

Führ das Ritual durch, auch wenn du nicht daran glaubst, und sei offen für das, was du dabei fühlst. Schaden wird es auf keinen Fall, und wer weiß, vielleicht spürst du mehr Frieden, als du gedacht hättest …

Bist du offen für ein wenig Magie, dann hilft dir vielleicht auch dieses Ritual:

Schamanisches Ritual

Dieses Ritual kannst du auch dann durchführen, wenn du noch keine Erfahrung hast, denn es wird nur so tief greifend sein, wie es für dich stimmig ist.

Führ es in der freien Natur oder in deinem Garten durch. Steck bitte Einweghandschuhe oder eine Plastiktüte ein; außerdem brauchst du ein kleines scharfes Messer oder eine Nadel, eventuell ein Pflaster und eine kleine Schaufel – wenn du willst, dann nimm auch eine Trommel und/oder Räucherwerk mit. Hast du deine Periode, so fang ein wenig Blut in einem Papiertaschentuch auf (dann brauchst du kein Messer).

Geh hinaus in die Natur, und stell dir vor, du durchschreitest ein Tor. Schau dich nun ganz bewusst um, atme in deinen Bauch, und fühl dich selbst, fühl die Trauer, fühl den Schmerz.

Bitte die Natur, dir einen Kraftgegenstand zu schenken, der dich mit deinem Schmerz, mit deinem Verlust, mit deiner eventuellen Wut, besonders aber mit der Leere und der Hoffnungslosigkeit in Kontakt bringt.

Vielleicht schenkt dir die Natur einen Gegenstand, der dein Kind symbolisiert, seine Seele oder auch seinen Körper – du wirst das Richtige erkennen, wenn du dich auf deine Wahrnehmungen und dein inneres Gefühl verlässt.

Es kann einfach ein Stein sein, ein Stück Holz, das eine besondere Form hat, eine Feder, aber auch ein totes Tier – schau dich um, die Natur wird dir den für dich genau richtigen Kraftgegenstand zur Verfügung stellen.

Nimm ihn an dich (dafür brauchst du eventuell die Handschuhe), und bitte Mutter Erde, dir einen geeigneten Ort für dein Ritual zu zeigen.

Bitte deine Krafttiere und die Krafttiere der Seele, die du verabschieden willst, zu dir. Ob du etwas wahrnimmst oder nicht, ist nicht so wichtig – die Energien wirken, wenn du sie rufst.

Nimm dir nun Zeit, zu atmen und dich mit dem Ort zu verbinden, ihn zu hören, zu riechen und zu fühlen – den Wind, die Stabilität der Erde, die Kraft der Natur.

Grab an dem dir stimmig erscheinenden Platz ein Loch, das groß genug für deinen Kraftgegenstand ist. Wickle den Gegenstand in das blutige Taschentuch, falls du eines hast. Wenn nicht, nimm das Messer oder die Nadel, und ritz oder stich dich vorsichtig zum Beispiel in einen Finger, bis Blut kommt. Natürlich bist du dabei achtsam. Lass ein paar Tropfen des Blutes auf den Ritualgegenstand fallen. Stell dir vor, dass der Teil deiner inneren Mutter, der für das verlorene Kind da sein wollte, mit dem Blut in den Kraftgegenstand fließt.

Hattest du eine Abtreibung, so lass den Teil der inneren Mutter, der Nein zu diesem Kind sagte oder der um das

Kind trauert, selbst wenn es für dich stimmig ist, es nicht bekommen zu haben, durch dein Blut aus dir hinausfließen.

Es genügt, wenn du dich dafür öffnest, dass nun die verletzten Anteile in dir, die Aspekte der inneren Mutter, die in Trauer sind, durch das Blut in den Kraftgegenstand fließen. Du brauchst nicht genau zu wissen, welche Anteile das sind, vielleicht aber spürst du sie auch sehr deutlich. Vertraue dem, was du spürst.

Bitte nun die Aspekte des Kindes, für die es richtig ist, zurück in den Schoß von Mutter Erde gelegt zu werden, in diesen Kraftgegenstand hineinzuströmen. Halte ihn so lange, bis du das Gefühl hast, dass alles, was beerdigt werden will, alles, was in den Schoß von Mutter Erde gegeben werden möchte, aus dir hinausgeflossen ist.

Leg dann den Gegenstand in die Erde, und bitte sie, deine Trauer, den Tod, den Schmerz und all das, was du ihr geben willst, liebevoll aufzunehmen und zu heilen. Lass ganz bewusst Erde auf den Gegenstand fallen, deck ihn mit Erde zu, drück die Erde fest, bette den Gegenstand sehr bewusst und ausdrücklich in sein Erdbett.

Trommle, singe, weine, tanze, bete, räuchere oder geh einfach weg – es ist dein Ritual, und du spürst genau, was jetzt für dich richtig ist. Verabschiede dich auf deine Weise. Bevor du wieder ins Haus gehst, durchschreite dein Tor, beende bewusst deine schamanische Reise, und erlaube, dass nun auf die Weise, die für dich stimmig ist, Heilung geschieht.

Die verletzte Mutter

Ich möchte dir folgende Sichtweise anbieten, weil ich während meiner Arbeit mit all den vielen Frauen immer wieder erlebe, dass sie hilfreich ist:

Wenn du schwanger wirst, wenn eine Seele den Weg durch dich zur Erde gehen möchte, dann kommt mit ihrer Seelenkraft auch eine ganz besondere Mutterkraft, eine Ur-Mutter-Energie, die dich befähigt, genau die Mutter zu sein, die diese Seele braucht. Es ist, als bringe die Seele, mit der du schwanger wirst, auch die Mutter mit, die sie braucht, und du öffnest dich mit der Bereitschaft, das Kind in dir zu nähren, zugleich auch für diesen besonderen, einzigartigen Mutterstrahl. Möglicherweise geschieht das selbst dann, wenn ein Abbruch verabredet war – schau bitte, ob dich diese Sichtweise und das Ritual berühren.

Anders ausgedrückt: Jedes Kind bekommt einen eigenen, besonderen Platz in deinem Herzen, einen Platz, der nur ihm gehört. Mit jedem Kind, das du bekommst, weitet sich dein Herz und wird größer; jedes Kind liebst du auf eine besondere Weise.

Wenn wir bei dem Bild des Seelenstrahls bleiben, dann fließt also mit der Kindenergie zugleich auch eine Liebesenergie ein, die genau die Farbe, die Frequenz und die Ausrichtung hat, die dieses besondere Kind braucht.

Stirbt dein Kind durch eine Fehlgeburt oder durch eine Abtreibung, dann ist dieser Platz in deinem Herzen plötzlich leer. Der Energiestrom, der für dieses besondere Kind gedacht war, läuft ins Leere. Nichts füllt diesen Platz je wieder aus, denn er hat eine bestimmte Kraft, eine bestimmte Schwingung, die nur für dieses eine Kind, für diese Seele bestimmt war. Es gibt, wie es viele innere Kinder gibt, auch viele innere Mütter – eine für jedes Kind, sei es geboren oder nicht.

Hier eine Botschaft aus der geistigen Ebene der Urmutter:

Wenn eine Seele zur Erde kommt, dann braucht sie eine ganz besondere Form der Zuwendung, eine Liebe, die einzigartig ist – die völlige Hingabe an das Nähren, das Hüten und das Beschützen. Im Universum, auf den geistigen Ebenen, gibt es dieses Bedürfnis nicht, denn Seelen sind frei und werden durch das Licht und die göttliche Matrix gehalten. Sie schwingen im Lichtgitternetz, das für diese hohen Ebenen erschaffen wurde und immer wieder neu entsteht.

Entscheidet eine Seele, sich auf den langen Weg der Materialisation zu machen, so braucht sie viele unterschiedliche Kräfte und Werkzeuge, denn es ist ein immenser Energieaufwand, sich in die Form zu begeben. Das physische Muttersein ist eine ganz besondere Erfahrung, denn nur hier braucht eine Seele einen Raum, in dem sie eine Form ausbilden kann – einen Raum, der von einer anderen Seele zur Verfügung gestellt wird!

Auf höheren Ebenen geschieht das auch; ein neues Lichtnetz, eine neue Matrix entsteht, wenn die Seele Wachstum erfährt, aber das fühlt sich sehr unpersönlich und lichtvoll an – ja, es fühlt sich gar nicht an, weil es auf diesen hohen Ebenen keine Gefühle gibt. Es entsteht einfach ein neuer Raum, gehalten und geschützt, aber ohne emotionale Schwingungen.

Dieser Raum wird durch die Ordnung selbst geschaffen und nicht von anderen Seelen bewusst zur Verfügung gestellt. Wie auf der Erde einfach wächst, was gesät wird, wie die Erde selbst unpersönlich ist und ihre Kraft zur Verfügung stellt, so wächst eine Seele in dem Lichtgitternetz, in dem sie schwingt, wenn sich ihr Bewusstsein erhöht, ohne bewusste Beteiligung anderer Seelen, ohne die Hingabe einer Seele an die andere.

Das irdische Muttersein lässt sich am besten mit einer Symbiose vergleichen, in der sich zwei irdisch lebende Organismen voneinander abhängig machen – die höchste Form der Verschmelzung, die auf Erden möglich ist. In ihrer reinsten Form findet ihr sie bei siamesischen Zwillingen.

Die Frau ist natürlich nicht abhängig von ihrem Kind (du kannst das Frausein auch ohne Kind verkörpern, weil es sehr viele Facetten hat), die Mutter aber schon, denn ohne Kind existiert sie nicht in ihrer physischen Form. Das physische Muttersein hängt davon ab, dass es ein Kind gibt, dem du die Mutter sein kannst. Stirbt das Kind, verliert auch die feinstoffliche Mutterkraft, die für dieses Kind gekommen ist, die Möglichkeit einer physischen Daseinsform. Eine physische Mutter zu sein bedeutet, das Kind in der Gebärmutter zu hüten, ihm Wachstum zu ermöglichen, ihm den eigenen Körper und die Lebensenergie zur Verfügung zu stellen, es durch die Brüste zu nähren (auch wenn du nicht stillst, so fließt doch die Mutterkraft durch deine Brüste nach außen, und sei es »nur« energetisch).

Mutter für ein nicht leibliches Kind zu sein bedeutet genau das Gleiche, aber auf anderen, nicht physischen Ebenen. Versorgst du voller Liebe ein Kind, das du nicht geboren hast, so bist du dennoch eine feinstoffliche Mutter, denn deine mütterliche, nährende und schützende Liebe entsteht im Schoßraum und fließt durch das Herz und deine Brüste nach außen in alles, was du deinem Kind gibst.

Der Platz in deinem Herzen, der zu deinem verlorenen Kind gehört, braucht ein Ritual, damit du heil werden und in Frieden kommen kannst. Lies auch dieses Ritual bitte zunächst durch, bevor du es ausführst, damit du spüren kannst, ob es dir stimmig und dienlich erscheint.

Die verletzte Mutter nach Hause geleiten

Schließ bitte deine Augen. Ruf eine Lichtsäule, oder stell dir einfach vor, dass vor deinem inneren Auge ein Kraftstrahl aus Licht entsteht. Wenn du nichts siehst, dann fühlst du vielleicht etwas, oder du weißt einfach, es ist da. Tritt ein in diese Lichtsäule, und erlaube, dass sie dich durchströmt, als stündest du in einem wundervoll wärmenden Sonnenstrahl.

Ruf jetzt die Kraft der großen Urmutter. Du brauchst sie nicht zu kennen; bitte sie nur, zu erscheinen, sich dir zu zeigen, sich irgendwie bemerkbar zu machen.

»Ich nähre, ich säuge, ich nehme und ich gebe Leben, damit die Natur im Gleichgewicht bleibt; ich gebe den Rhythmen des Lebens Raum und habe immer das große Ganze im Blick«, sagt sie, und du spürst ihre allumfassende, nährende, machtvolle Präsenz.

Lass dich von ihr nähren, bitte sie, dir genau die Kraft zu geben, die du nun brauchst, damit du deine Trauer und diese innere Leere meistern kannst.

Vielleicht nimmst du nun eine Farbe wahr, ein Licht, das in die Lichtsäule einfließt, vielleicht spürst du diese Kraft eher als Wärme und Stärke, die durch deine Füße in deinen Körper fließen. Lass dich nähren – und dann spür bitte in dich hinein. Gibt es einen Teil, der sagt: »Wenn du, mein Kind, gehst, dann gehe ich auch«? Gibt es einen Teil in dir, einen Teil deines Herzens vielleicht, der bei dem verlorenen Kind sein will, der weiterhin seine Mutter bleibt, einen Teil, der untröstlich ist, weil er sein Kind nicht alleinlassen will?

Falls du das spürst, dann erlaube diesem Anteil, jetzt zu der Seele des Kindes zu fließen, durch diese Lichtsäule hindurch. Erlaube nun dem Teil deines Herzens, der zu diesem Kind gehört, der durch diese Seele überhaupt erst entstanden ist, deinen Körper zu verlassen und das zu tun, was er tun will: bei deinem Kind sein und es lieben.

Alle Seelenkräfte, die zu deinem Kind »Wenn du gehst, dann komme ich mit dir« sagen, steigen nun ganz leicht und einfach in der Lichtsäule nach oben, berühren und erreichen die Seele des Kindes und verbinden sich auf genau richtige und stimmige Weise mit ihr. Gleichzeitig nährt dich die Urmutter mit ihrer Energie und erfüllt dich mit Liebe zu dir selbst und zu deinem inneren Kind.

Vielleicht nimmst du diese Meditation eher wie ein Bild wahr – lass die Mutter in dir, die weiterhin für ihr Kind da sein will, mit der Seele des Kindes ins Licht gehen. Bitte sie, all ihre Trauer und ihre Schwere mitzunehmen, aus deinem Körper herauszuziehen, damit diese sich im Licht auflösen können. Genauso kann es sein, dass diese Anteile lieber in die Erde fließen wollen – sie wissen genau, wo ihr richtiger Platz ist.

Halte dieses innere Bild, solange es dir leichtfällt oder bis du spürst, dass alles, was jetzt aus dir hinausfließen und ins Licht der Liebe zurückkehren kann und will, gegangen ist, und lass das Bild dann gehen.

Wiederhole diese Meditation, sooft es dir hilfreich und nötig erscheint. Es kann sehr gut sein, dass dein Prozess des Loslassens sehr vielschichtig ist und in Stufen geschieht.

Selbstverständlich kannst du auch hier Mutter Maria oder Mutter Erde rufen, wenn du diesen Kräften vertraust. Schick dann den Aspekt deiner inneren Mutter, der genau für diese Seele zuständig ist, zurück in seinen Ursprung, zurück zu Maria oder zurück in den Schoß von Mutter Erde. Von dort aus kann deine innere Mutter die Seele des Kindes, das seinen Erdenweg nicht angetreten ist, begleiten, schützen und nähren, wenn Mutter und Kind das wünschen.

Lass dir Zeit für diese innere Reise, und, wie immer: Ob du viel wahrnimmst oder nicht, ist gar nicht so wichtig. Du öffnest Räume, in denen Heilung geschehen kann, und du darfst dich darauf verlassen, dass deine eigenen Selbstheilungskräfte, seien sie körperlich, emotional oder spirituell, diesen Raum nutzen. Dein ganzes System ist bestrebt, in ein gesundes, gutes Gleichgewicht zu kommen, das mit möglichst wenig Energieaufwand gehalten werden kann. Diese inneren Bilder, diese Reisen, geben Raum, in dem sich dein Bewusstsein, besonders aber dein Unbewusstes, neu ausrichten und sortieren kann.

Es ist gleichgültig, ob du an Engel, Krafttiere, Energien, Lichtsäulen und Seelen glaubst oder nicht. Nimm diese Reisen als Werkzeuge, wenn es deinem Weltbild widerspricht, an Seelenräume zu glauben. Nimm sie als Hilfsmittel, mit denen du dir Platz dafür verschaffst, dich neu auszurichten; nimm sie als Platzhalter für den Faktor X, nämlich deine Selbstheilungskräfte. Glaubst du an all diese Energien, dann ruf sie immer wieder, und erkenne an, dass du Hilfe brauchst, dass diese Kräfte genau deshalb zur Verfügung stehen, damit wir das Leben auf der Erde als Seele, als geistiges Wesen, überhaupt leben können.

Es gibt einen weiteren Anteil deiner inneren Mutter: deine Brüste. Du hast noch keine Milch produziert, wenn du dein Kind nicht geboren hast, aber energetisch sind deine Brüste sicherlich mit Liebe und Fürsorge gefüllt – mit Muttermilch, die nun im wahrsten Sinne des Wortes versauert. Auch wenn du eine Abtreibung hattest, spür bitte nach, ob dein Körper sich nicht trotz dieser Entscheidung auf ein Kind vorbereitet hat.

Dein Kind nähren

Leg deine Hände bitte auf deine Brüste, atme hinein, und lass dich fühlen, ob sich Muttermilch in feinstofflicher Form staut. Wieder ist es völlig egal, was du glaubst; selbst wenn du nur auf hormoneller Ebene schaust, ist es doch sinnvoll, deinem Körper die Möglichkeit zu geben, loszulassen und wieder ins Gleichgewicht zu kommen. Wenn du einen Milchstau spürst, dann hilft dir Folgendes:

Stell dir bitte vor, du stehst in einer Lichtsäule, im summenden, kraftvollen Licht, das Himmel und Erde verbindet. Erlaube, dass aus deinen Brüsten Muttermilch in Form von Licht, von Sternen, von Liebe oder auch tatsächlich wie eine Flüssigkeit aus dir hinausströmt, und sende sie zu der Seele, die du für kurze Zeit in deinem Bauch beherbergt und genährt hast, selbst wenn es gegen deinen Willen geschehen ist.

Bitte die Seele, sich alles zu nehmen, was sie braucht, was sie sich wünscht. Spürst du, dass sie tatsächlich deine Muttermilch in Form von Licht aufnimmt, dann lass sie so lange fließen, bis du spürst, dass es gut sein darf.

Es kann sein, dass du dieses Ritual ein paar Mal wiederholen willst; vielleicht ruft dein Lichtkind dich sogar, wenn es gestillt werden will.

Es kann auch sein, dass deine Muttermilch in die Erde fließen will und die Erde selbst nährt, besonders dann, wenn die Seele des Wesens, das du beherbergt hast, keine Muttermilch braucht. Es ist nun mal ein sehr irdischer Vorgang, ein Kind zu stillen. Dann lass die gestaute feinstoffliche Milch in die Erde fließen, aus deinen Brüsten hinaus, bis sie sich leicht und frei anfühlen. Stell dich aber bitte immer in die Lichtsäule, damit du sicher sein kannst, dass du deine energetische Muttermilch dahin gibst, wo sie in aller Liebe und in allem Schutz auch für dich willkommen ist.

Diese Muttermilch, die du gerade jetzt spürst, gehört zu deinem verlorenen Kind und hat eine besondere Schwingung, eine besondere Zusammensetzung, die zu der Seele und zu dem Mutterstrahl passt. Deshalb nähre damit bitte auch nur dieses Kind oder in neutraler Form Mutter Erde.

Du hast aber auch eine Milchdrüse für dein eigenes inneres Kind. So nutze, wenn du magst, das Ritual, um auch dein kleines inneres Kind zu nähren. Das kann für deine innere Mutter sehr heilsam sein, besonders aber für das innere Kind, weil es gesehen wird und (endlich) bekommt, was es braucht.

Selbstverständlich kannst du auch die ganze Erde, alle Kinder, die ganze Welt stillen, dann lass Liebe und Kraft aus deinem Herzen in die Brüste fließen, und nähre von da aus all das, was du nähren willst.

Wir Frauen nehmen Energie durch den Schoßraum in uns auf und geben sie durch das Herz und die Brüste ab. Der Energiekreislauf der Männer läuft anders herum, sie nehmen Energie über das Herz auf und geben es durch ihre Schöpferorgane weiter.

So öffne deinen Schoßraum, nimm Energie aus der Erde in dich auf, lass sie zum Herzen strömen, nimm durch das Kronenchakra Energie aus dem Kosmos auf, lass auch diese zum Herzen fließen und sich mit der Erdkraft verbinden. Mit jeder Einatmung nimmst du Energie auf, und mit jeder Ausatmung sendest du diese Herzensmutterkraft durch deine Brüste in die Welt, wenn du sie nähren und stillen willst.

Aber Vorsicht! Schau bitte genau hin, ob bedürftige innere Kinder von anderen sich an dich klammern und dich aussaugen. Das kannst du nicht erlauben. Diese inneren Kinder können durchaus auch Projekte oder gar Anteile deines Chefs sein. Auch deine Mutter hat ein sehr bedürftiges inneres Kind, dein Vater, sogar deine Kinder können bedürftige innere Kinder haben, die sich an dir festgesaugt haben.

(Es kann auch für dich als Mutter sehr heilsam sein, das innere Kind deines Kindes im Nachhinein zu stillen, ihm jetzt zu geben, was du ihm früher vielleicht nicht geben konntest.)

Ruf bitte eine mütterliche Kraft deines Vertrauens, Mutter Erde, Mutter Maria oder Artemis Ephesia, die Göttin mit den vielen Brüsten.

Wenn du ein inneres Kind stillst, das du nicht bewusst und freiwillig angelegt hast, dann nimm es ab, löse es von dir, und leg es dieser mütterlichen Kraft in die Arme.

Bestimmt lassen wir kein Kind verhungern. Aber wir brauchen auch nicht alle zu stillen, das können wir nicht. Wenn du Not siehst, wenn du einen Energieräuber an dir kleben hast (und lass dich nicht täuschen, »innere Kinder« hört sich süß an, aber sie können sehr dunkel und vehement sein!), dann übergib ihn energisch und, wenn nötig, deutlich einer höheren Kraft.

Will das innere Kind dich nicht loslassen, dann bitte dein Krafttier um Hilfe; immer kannst du auch den Schutzengel der Not leidenden, sich an dir festklammernden Seele rufen. Lass dich nicht besetzen – du darfst nähren, aber du entscheidest, wen und was.

Es gibt sehr viele verschiedene nährende Kräfte, die jederzeit zur Verfügung stehen, wenn du sie rufst. Nutze das Angebot von Mutter Erde, oder frag während einer inneren Reise nach, wen du rufen kannst und darfst.

Dein Hochzeitskorb

Schauen wir noch ein Stück tiefer, schauen wir uns das Geheimnis unseres Hochzeitskorbes an.

Wir sind Frauen, wir hüten und ermöglichen das irdische, das Form gewordene Leben, und wir haben ein Organ dafür – unsere Gebärmutter. In den schamanischen Lehren sagt man, Frauen hüten ihren Hochzeitskorb, ihre Schale. Männer dagegen schenken uns ihre Schöpferkraft, ihr Feuer. In uns selbst tragen wir natürlich beide Aspekte, aber hier, im Muttersein, geht es um unsere Rolle als Hüterin des Lebens, um den weiblichen Pol, eben um die weibliche Schale. Rose ThunderEagle Fink von den »Twisted Hairs« beschreibt den Hochzeitskorb so:

»Als Frauen sind wir durch unseren Schoßraum direkt mit der Leben spendenden Urkraft des Universums verbunden. Wir verfügen so über einen inneren Raum, der, bewußt gemacht, zum Zentrum unserer Schöpfungs- und Regenerationskraft werden kann. Die Matriarchinnen der ›Twisted Hair[s]‹ [verstehen] diesen inneren Raum der Frau [...] als die ›Quelle der Magischen Geburt‹, der Geburt des weiblichen Selbst in allen Facetten. Sie lehren uns, das Mysterium, uns selbst in allen ›Gesichtern der Göttin‹ zu gebären, mit wahrer Intuition vom inneren Wissen zu schöpfen und somit unser höchstes Potenzial zu leben.«[1]

In dieser schamanischen Tradition wird der Hochzeitskorb von den Großmüttern geflochten und weitergereicht, als Symbol für die Schoßkraft der Frau.

Den inneren Hochzeitskorb kannst du dir vorstellen wie eine Höhle, eine Schale, einen geflochtenen Korb, eine Muschel oder das Innere einer Blüte. Dort nähren wir unsere eigenen Wünsche und Träume, und dort hüten und nähren wir das Leben selbst – in Form eines Projektes, einer Idee oder eines physischen Kindes.

Du kannst dir vorstellen, dass es sehr hilfreich ist, diesen inneren Schoßraum zu reinigen und ihn klar und frei zu halten. Oftmals erleben wir Fehlgeburten, wenn das Kind, aus welchen Gründen auch immer, nicht genug Raum in uns findet – wenn unser Hochzeitskorb also bereits besetzt ist. Es kann sehr gut sein, dass er mit dir selbst, mit dem, was gerade in dir ansteht oder verwirklicht werden will, erfüllt ist – aber es kann auch sein, dass er gefüllt ist mit Steinen, mit Groll, mit ungeborenen Ideen und Projekten, sogar mit ungeborenen Kindern aus vergangenen Leben, wenn du dir dieses Gedankenspiel erlaubst.

1 http://www.lust-und-wissen.de/women-ways.phtml (24.11.2011)

Auch dein eigenes inneres Kind kann deinen Hochzeitskorb besetzt halten und dich daran hindern, Leben zu gebären, weil es zunächst selbst lebendig und glücklich werden will. (Wenn das bei dir so ist, dann lies »Die Heilung des inneren Kindes«, Schirner Verlag 2008, und geleite dein inneres Kind in den sogenannten Zaubergarten, einen sicheren Ort in deinem Herzen.)

Wie kommen wir in Kontakt mit dieser inneren Schoßkraft? Zunächst ist es sinnvoll, sie überhaupt anzuerkennen. Kannst du dir vorstellen, dass es diese Kraft in dir gibt? Bist du bereit zu akzeptieren, dass die reine Lebenskraft umfassenderen und stärkeren Einfluss auf dich hat, als es dein Ego und dein Wunsch nach einem freien Willen vielleicht erlauben? Denn es ist ein Schlag ins Gesicht für deine Selbstbestimmung, wenn du zugibst, dass es womöglich eine Kraft gibt, die stärker ist als das, was du selbst für dich willst. Deshalb möchte ich dir eine Sichtweise anbieten, die dir dienlich sein kann auf deinem Weg zurück ins Leben:

Wir kommen zu der Erkenntnis, dass es eine Kraft gibt, größer als wir selbst – und dass diese Kraft stärker ist als unser freier Wille … auch wenn uns das nicht passt. Wir kommen letztlich nicht umhin, diese Kraft anzuerkennen, denn wir sehen sie ja immer und immer wieder. Und doch gibt es viele Menschen, gerade solche, die sich mit spirituellen Themen beschäftigen, die glauben, dass wenn wir nur gut genug wären, wenn wir nur klar genug, lichtvoll genug oder frei genug wären, uns bestimmte Dinge nicht mehr passieren dürften.

Wärst du nur lichtvoll genug, wärst du nur erlöst genug, wärst du nur gut genug, dann hättest du keine Fehlgeburt erlebt oder dich niemals für eine Abtreibung entschieden, wärst erst gar nicht ungewollt schwanger geworden. Das glauben wir wirklich. Und haben damit nur das alte Ich-bin-nicht-gut-genug-Spiel um ein paar zusätzliche Facetten erweitert. Lernen wir also unseren Schoßraum kennen.

Deinen Schoßraum dem Leben öffnen

Mach es dir bitte bequem, leg oder setz dich hin, und lass dir diese Übung gegebenenfalls vorlesen.

Schließ nun deine Augen, und atme ein paar Mal tief in den Bauch, wenn dir das möglich ist. Stell dir bitte vor, in deinem Unterleib gäbe es eine Schale, einen Hochzeitskorb, eine große Muschel. Lass dir bitte Zeit, dieses innere Bild zu entwickeln, und selbst wenn du dir das alles nur vorstellst, erkennst du dennoch sicher, dass dein inneres Bild oder dein inneres Gefühl etwas mit dir zu tun hat. Wir können uns nur innere Bilder erschaffen, die etwas von unserer inneren Wahrheit spiegeln, darum stell dir einfach irgendeine Schale vor.

Atme hinein in diese Schale, wenn das möglich ist. Sieh sie dir genau an. Wie sieht diese Schale aus? Gibt es Platz in dieser Schale, ist sie ein guter Ort? Oder ist sie bereits gefüllt, sei es mit Hoffnungen, Wünschen und Träumen, sei es mit der Asche von Versprechungen und Vorstellungen? Schau genau hin, und lass dir Zeit, die Botschaften der Schale zu verstehen.

Nimm Kontakt auf, vertraue bitte dem, was du in dir wahrnimmst; sei sicher, es ist richtig so, wie du es wahrnimmst, selbst wenn dein Verstand zweifelt und hinterfragt. Die Schale kennt sich selbst, sie weiß, womit sie gefüllt ist und in welchem Zustand sie sich befindet.

Schau noch tiefer – entspricht diese Schale überhaupt deiner Energie, ist es wirklich deine? Ist sie zu schwer oder zu feinstofflich? Kannst du in dieser Schale Leben hüten und nähren? Lass sie sein, wie sie ist, du brauchst sie nicht zu verändern.

Bitte nun Mutter Erde oder die Kraft der Natur, sich dir zu zeigen, auf eine für dich erkennbare Weise fühlbar zu werden. Möglicherweise nimmst du eine Gestalt wahr, ein Licht oder einfach eine Kraft, ein Gefühl, vielleicht zieht es dich auf die Erde oder du wirst auf angenehme Weise schwerer. Wie immer du diese Naturkraft wahrnimmst, bitte sie, deine Schale so zu verändern, dass sie dem Leben dienlich wird, dass sie es in sich aufnehmen und hüten, nähren und gebären kann.

Lass nun geschehen, was geschehen will. Die Schale verändert sich vielleicht sehr, einiges wird entfernt, anderes hinzugefügt. Erlaube, dass eine Lichtsäule entsteht, in der all die Seelen, die sich noch in der Schale befinden, sei es aus diesem oder aus vergangenen Leben, ins Licht aufsteigen können. Ruf, wenn du daran glaubst, einen Engel, und bitte ihn, den Seelen dabei behilflich zu sein, deine Schale zu verlassen und ins Licht, nach Hause, in ihren eigenen Ursprung zurückzukehren.

Erlaube den inneren Bildern zu sein, wie sie sind, auch wenn du nicht daran glaubst. Es sind vielleicht nur Symbole. Atme, und lass die Kraft, die auch das Gras in deinem Garten wachsen lässt, die Kraft, die immer und immer zur Verfügung steht und für Wachstum sorgt, sobald du einen Samen in die Erde legst, für ihr Gefäß sorgen. Diese Kraft, die einfach da ist, die Erde und Wasser und Licht nutzt, um Leben entstehen zu lassen, weiß genau, welche Ordnung sie braucht, um optimal wirken zu können. Wenn du ihr erlaubst, deine Schale so zu reinigen und zu verändern, dass das Leben selbst auf für dich ideale Weise darin wirken kann, dann hast du beste Voraussetzungen für alles, was in dir wachsen möchte.

Lass dich diese Kraft spüren, die Energie, die das Leben selbst ist, diese Kraft, die man nicht in Worte fassen kann. Chi, Prana, Lebenskraft – erlaube, dass das Leben deinen ganzen Körper durchströmt, besonders die Bereiche, die im Moment so schwer oder abgeschnitten sind. Ja, es kann sein, dass du nun weinen musst, dass du deine Trauer noch deutlicher spürst. Vielleicht aber spürst du auch, dass in dir nicht genügend Raum vorhanden war, dass diese Schale noch kein guter und gesunder Ort für eine Seele war.

Lass die Lebenskraft in dir so lange wirken, wie es sich gut anfühlt, lass sie reinigen, was heute gereinigt werden darf, und ruh dich danach aus. Du hast schwere Arbeit geleistet.

Dieser Schoßraum, dieser Hochzeitskorb ist gleichzeitig der Ort, an dem du selbst Kraft schöpfen und dich ausruhen darfst. Die folgende innere Reise dient dazu, dich zu reinigen und dir in dir selbst einen sicheren Ort zu erschaffen – ich bitte dich inständig, such dir Hilfe, wenn du das nicht allein tun kannst oder willst. Lass eine Freundin bei dir sein, oder, wenn das möglich ist, bitte deinen Partner, dich zu unterstützen und dir diese Reise vorzulesen.

Reinigung und Heilung für deine Gebärmutter

Stell dir deine Gebärmutter oder deinen Schoßraum bitte wie eine Höhle vor. Erlaube, dass sich das Bild so entfaltet, wie es deinen Schoßraum spiegelt, egal ob es dir gefällt oder nicht. Tritt in diese Höhle ein, und schau dich um. Ist sie ein heimeliger, sicherer Ort, ist es hier kalt, tropft das Wasser von den Wänden? Ist die Höhle von Wesenheiten bevölkert, die hier absolut nichts zu suchen haben? Gibt es ein gemütliches, nährendes Feuer? Schau dir diese Höhle bitte an, und nimm dir Zeit dazu.

Ruf nun dein Krafttier, die Urmutter, oder geh selbst in die Höhle hinein und räum sie auf. Wirf alle Wesenheiten hinaus, die hier nichts zu suchen haben. Feg die Höhle aus, entzünde ein nährendes und wärmendes Feuer. Schau bitte besonders nach Seelen, die hier wie gefangen oder gebunden sind, nach Seelen, die den Weg nach Hause noch nicht gefunden haben oder ihn nicht gehen wollen. Ruf die Elohim[2].

Kannst du das nicht allein, dann merk dir bitte, dass du Hilfe brauchst, setz die Reise fort, such dir aber in den nächsten Tagen Unterstützung! Vielleicht will noch etwas erlöst oder einfach gesehen werden. Es ist immer eine gute Idee, Mutter Maria oder eine andere Kraft deines Vertrauens zu rufen, aber manchmal braucht es einen tieferen Prozess. Es kann sein, dass dieser Ort so viel Trauer und Schwere in sich birgt, dass du ihn gar nicht betreten willst; vielleicht spürst du Wi-

2 Das ist eine Engelfrequenz, die dafür zuständig ist, Seelen nach Hause zu geleiten.

derwillen oder gar Angst, dich mit dieser Höhle zu beschäftigen.

Ruf all die Kräfte, die du brauchst, um diese Höhle zu einem gesunden, wärmenden Ort zu machen – oder verlass sie und mach dich auf die Suche nach einer neuen Höhle. Auch das kann genau richtig sein. Gib aber nicht zu rasch auf.

Schau bitte ganz besonders, ob du in dieser Höhle die schwere Last deiner Ahninnen und Ahnen beherbergst und mit dir herumschleppst.[3]

Reinige also diese Höhle, tu, was nötig ist, und dann richte sie ganz neu ein. Du brauchst ein bequemes Lager, eine Möglichkeit, es dir richtig gemütlich zu machen und dich ganz zurückzuziehen. Richte sie ein wie eine Höhle aus Tausendundeiner Nacht, wenn dir das gefällt, leg sie mit bequemen Teppichen aus oder gestalte sie auf deine Weise – diese Höhle symbolisiert deinen Schoßraum, den Ort, an dem du dich selbst verankern kannst, deine energetische Mitte.

Wenn diese Höhle so gemütlich und warm ist, wie es für dich passend ist, dann mach es dir darin bequem. Ruh dich aus, achte auf die Gedanken und Gefühle, die jetzt kommen.

---

3 Wenn du diese Last entdeckst, dann hilft dir vielleicht das Ahnenritual, das ich dir nachfolgend anbiete.

Hier in dieser Höhle darfst du es wagen, dir die wichtigste aller Fragen zu stellen:

Wozu diente diese Erfahrung von Tod? Wozu war es gut, war es richtig, was wollte mich das Leben lehren – worum ging es wirklich? Gibt es für den Moment einen wichtigeren Weg, wollte ich mich womöglich mit der Schwangerschaft ablenken, gibt es noch etwas, was getan werden sollte, bevor ich Mutter werde? Ergibt es einen Sinn für mich, auch wenn es wehtut, im Moment nicht Mutter für dieses Kind zu sein?

Achte auf den ersten Impuls, jenen Gedanken, bei dem etwas in dir aufatmet und sich entspannt. Auch wenn dein kritischer Verstand sofort zu zweifeln beginnt, so merk dir doch diesen ersten Gedanken, das tiefe Wissen, das sich dir gezeigt hat. Es kann sein, dass dich gerade diese so schmerzliche Erfahrung auf einen neuen Weg führt – dass dich die Seele gerade dadurch, dass sie nicht geboren wird, zwingt, deinen ureigenen inneren Weg zu gehen, unabhängig von dem, was von dir erwartet wird.

Wenn du magst, dann ruf die Kraft der Urmutter zu dir und frag sie, was sie sich dabei gedacht hat, dir diese Erfahrung zuzumuten. Das darfst du, denn du musstest sie schließlich aushalten. Bist du bereits ein wenig in Frieden mit deiner Erfahrung, dann frag die Urmutter, wozu diese Erfahrung diente und was du mit der Seele deines nicht geborenen Kindes auf hoher Ebene verabredet hast.

Lass dir Zeit für deine Antworten. Du brauchst sie nicht gleich zu verstehen, vielleicht genügt es für den Moment, zu wissen, dass es Antworten gibt, dass das Leben nicht einfach willkürlich macht, was es will, sondern dass es durchaus eine Ordnung gibt, die auch dich einbezieht und die auch für dich eine Art höheren Plan hat.

Ruh dich so lange in dieser Höhle aus, wie das für dich richtig ist, und nutze sie von nun an, um dich zurückzuziehen und neue Kraft zu tanken …

Wenn du diese Höhle in dir erlöst und eingerichtet hast, dann kannst du dich innerlich hineinsetzen und von dort aus Briefe an die Seele des Kindes und an die Urmutter schreiben. Nimm dir immer wieder Zeit, alles, was geteilt werden will, zu sagen oder aufzuschreiben. Öffne dich besonders dafür, dass die Seele des Kindes oder die Urmutter antworten und dir ihre Botschaften in Form von klaren Gedankenblitzen vermitteln; schreib einfach weiter, egal was deine Zweifel dazu meinen. Sie haben hier wirklich nichts zu sagen.

Eine Leserin schrieb mir, welche Erfahrungen sie in dieser Höhle gemacht hat. Ich darf die Erlebnisse hier mit dir teilen. Vielleicht dienen sie dir, deine Erfahrungen und inneren Bilder besser zu verstehen.

»Schon zu Beginn sehe ich die Höhle … ihr Eingang sieht aus wie mit Gaze verhängt. Mein geistiges Team, das ich vorher angerufen habe, begleitet mich nun zu der Höhle – zu meiner Gebärhöhle. Ich bzw. wir bleiben vor der Höhle stehen und sehen durch das transparente Gewebe. Drin prasselt ein Feuer, Felle sind ausgelegt, an der Wand sind Zeichnungen … es sieht hier sehr ursprünglich aus. Es gibt auch steinerne Sitzgelegenheiten, die mit Fell belegt sind.

Allerdings bemerke ich in dem Raum auch eine steinerne Liege. Alles andere als einladend, ohne Felle, nackter Stein. Auf dieser Liege befindet sich eine Person bzw. eine »Figur« aus demselben Material. Sehr glatt, ohne Mimik und Details. Gleich daneben bemerke ich eine Art Wiege … darin sieht man ein Bündel Stoff … es ist ein Baby, eingewickelt wie eine Mumie.

Tja, da stehe ich nun und warte darauf, was mit dieser steinernen Figur passiert … so leblos … allerdings muss sich ja jemand gekümmert haben, denn das Feuer in der Höhle brennt ja, und auch sonst sieht es aufgeräumt aus.

Ich sehe Menstruationsblut. Plötzlich habe ich in meinen Händen eine Schale mit diesem Blut. Gesammelt von so vielen Monden. Ich lasse es auf die steinerne Figur tropfen, die augenblicklich Farbe annimmt und auch sonst zu einem Menschen wird.

Eine Frau erwacht aus dem Tiefschlaf – sie schaut sich etwas verwirrt um. Sie blickt auf die Wiege, nimmt das Babybündel heraus und hält es an ihr Herz. Die Mutter küsst ihr Baby. Sie wickelt es aus den Tüchern aus und schaut es an. Egal wie es aussieht, sie hat keine Angst vor dem Tod, denn sie will begreifen, was da geschehen ist.

Nun kommt eine Wesenheit – es könnte ein Engel sein. Die Mutter hält dem Engel das Baby entgegen, und sie weiß, dass es dorthin gebracht wird, wo es leben wird. Auf der Seelenebene ist das natürlich schon längst geschehen, aber jetzt wird auch irdisch Abschied genommen. Der Engel entfernt sich langsam und strahlend, und die Mutter lächelt etwas und winkt hinterher.

Nun ist sie allein in der Höhle und schaut sich um. Es wird hell. Sehr hell. Der Gazevorhang am Eingang verschwindet, und das Sonnenlicht taucht die ganze Höhle in helles, strahlendes Licht.

Die Mutter fegt in der Höhle, legt Holz nach, schmückt die Wiege mit neuen, sauberen Tüchern und hängt ein paar Federn und Perlen daran als Schmuck. Sie lächelt zufrieden.«

Kontrolle ist gut – Vertrauen ist besser

Auch die für deinen Verstand absurdesten Botschaften und Informationen können vollkommen stimmig sein und Frieden in dir ermöglichen, wenn du verstehst, auf welche Weise das Leben dich in den universellen Schöpfungsprozess einbezieht. Denn das ist es ja, was so sehr schmerzt. Wir haben das Gefühl, das Leben schließt uns aus, braucht uns nicht, lässt uns nicht teilhaben an seiner Vielfalt und seiner Kraft, nutzt unser Angebot nicht.

Doch, das tut es. Genau jetzt. Durch deine Beschäftigung mit deiner Trauer, der Leere, der eventuellen Wut, dem Nichtverstehen erschaffst du Bewusstsein. Gerade jetzt. Während du das liest und die eine oder andere Übung machst, veränderst du dich und fügst dem kollektiven Bewusstsein einen wichtigen Impuls hinzu, nämlich die Bereitschaft, dich dem Leben tiefer hinzugeben, dich noch mehr darauf einzulassen.

»Das Leben geht weiter«, hörst du vielleicht von anderen, wenn du in Trauer bist. Ja. Aber es ist dennoch deine Wahl, nicht mehr mitzumachen und das Leben nur noch um dich herumstrudeln zu lassen, statt durch dich hindurch.

Indem du dich gerade jetzt mit dir selbst beschäftigst und bereit bist, das Verstehen zumindest zu versuchen, öffnest du einen Raum, der einzigartig und neu ist. Es geht darum, trotz der Trauer weiterzumachen.

Wenn du bereit bist, diese Erfahrung zu verkraften und zumindest einen kleinen Schritt in Richtung Frieden und Heilung zu gehen, dann schenkst du dem Leben ein tieferes, bedingungsloseres Ja, auch wenn du im Moment eher dein Nein spürst. Du MACHST ja weiter, sonst würdest du das Buch nicht lesen.

Gerade in dieser Sekunde fließt mehr Leben durch dich hindurch, als du es vielleicht je erlaubt hast, auch wenn du das nicht spürst – du öffnest einen Raum in dir, den du bislang nicht kanntest, dessen Öffnung dich unendlich viel Kraft kostet, eine Herzkammer, in der du einen Schatz findest: Hingabe, Mitgefühl und echte, gesunde, kraftvolle Demut. Durch den Schmerz, gerade durch deinen Verlust, hat dich das Leben zu dieser Herzkammer geführt, zu dem Nein, zu der Trauer, zu der Leere – das Leben ist ein hohes Risiko eingegangen, denn es kann sein, dass du dich genau hier, an dieser Stelle, abwendest und ihm ein Nein entgegenschleuderst. Es hat dich enttäuscht und dir mehr Schmerz zugemutet, als du je zu ertragen bereit warst.

Die Frage des Lebens an dich lautet: »Bist du bereit, dich mir hinzugeben, auch wenn ich dir nicht gebe, was du willst, auch wenn ich dich enttäusche, auch wenn ich dich verletze und zurückzustoßen scheine? Bist du also bereit, weitaus bedingungsloser Ja zum Leben zu sagen, als du es dir vorstellen konntest, bevor du zur Erde kamst?«

Und du hast das Recht, diese Frage mit Nein zu beantworten. Vielleicht aber machst du weiter, zumindest gerade jetzt, zumindest ein kleines Stück. Ich glaube nicht, dass dir bewusst ist, wie immens, wie unermesslich groß dieses Geschenk ist, das du dem Leben gerade machst, wie viel wichtiger und wesentlicher als die Geburt deines Kindes dieses Geschenk im Moment für das Leben ist.

Das Leben hat sich dir oberflächlich gesehen verweigert. In der Tiefe jedoch hat es dir eine sehr viel schwierigere Aufgabe gegeben: offen für das Leben zu bleiben oder dich Stück für Stück neu zu öffnen, auch wenn du einen tiefen Verlust erleidest.

Du hast das Leben nicht in Form eines Kindes weitergeben können, zumindest jetzt nicht. Du hast aber ein Stück von dir selbst für das Leben geöffnet oder bist zumindest dabei, es zu versuchen. Damit schenkst du dich selbst weiter, gibst einen äußerst kostbaren Teil von dir. Mit jeder Träne, die du weinst und dann gehen lässt, mit jedem Nein, das du nach und nach in ein Ja verwandelst, stellst du dem Leben einen unendlich kostbaren Schatz zur Verfügung: deine Bereitschaft, es bedingungslos zu nehmen, wie es ist.

Das Leben kann andere Richtungen einschlagen, als wir das wollen, und auch solche wählen, die uns nicht guttun, und das ist uns sehr bewusst. Aus lauter Angst vor dem, was das Leben alles so parat haben könnte, werden wir co-abhängig und kontrollsüchtig, und ja, wir wissen oder glauben zu wissen, dass wir, nach gängiger Meinung, gerade damit schwierige Erfahrungen anziehen.

Das stimmt für mich so nicht. Ich will in der Herausforderung, dass das Leben eben nicht kontrollierbar ist, lernen, dennoch mutig und kühn meine Wahrheit zu sagen und besonders auch zu leben, dennoch das zu tun, was sich für mich gut anfühlt, auch wenn ich Angst habe, dann alles zu verlieren, nicht mehr gemocht zu werden und als unzuverlässig zu gelten. Das gelingt mir mal mehr und mal weniger.

Doch darum geht es. Es ist leicht, offen zu sein, wenn das Leben dir entgegenkommt und dir erfüllt, was du dir wünschst.

Aber woher weißt du, ob dir das Leben nicht gerade durch diese so schwierige Erfahrung einen Muttervorbereitungskurs gibt, dich lehrt, loszulassen, dich hinzugeben und mit allem, was das Leben so bringt und nimmt, umzugehen? Woher weißt du, dass du nicht gerade durch diesen Verlust bereiter wirst, als du dir das vorstellen könntest, dein Kind so zu nehmen, wie es ist?

Wer weiß, vielleicht werden zusammen mit deinem Blut auch deine Vorstellungen über das perfekte Kind aus dir herausgeschwemmt, Vorstellungen, die dir vielleicht nicht einmal bewusst sind. Vielleicht darfst du erst lernen, mit dem Verlust umzugehen, bevor du eine wahrhaft gelassene und nährende Mutter sein kannst. Vielleicht darfst du erst Demut, Mitgefühl und Hingabe lernen, damit du deine Ideen über dein Kind loslassen und der Seele geben kannst, was sie wirklich von dir braucht. Vielleicht lehrt dich die Seele deines Kindes, gerade weil es nicht geboren werden wollte oder konnte, tiefe Demut und Hingabe, bedingungslose Liebe, damit es eine gereifte, liebende und in sich ruhende Mutter vorfindet, wenn es erneut zu dir kommt. Möglich wäre es, oder?

Wir sind zutiefst vom Leben verletzt worden, unser Vertrauen in uns und unseren Körper, in unsere Daseinsberechtigung als Frau ist erschüttert, und wir hängen in einer spirituellen Krise fest. Oder wir nutzen diese Erfahrung als Einweihung und erkennen, dass wir etwas übersehen haben. Denn es gibt eine bei vielen in Vergessenheit geratene innere Haltung, die zutiefst heilsam sein kann, wenn du an eine liebende, am Leben interessierte höhere Kraft glaubst oder sie zumindest für möglich hältst. Es ist Schritt drei im spirituellen Genesungsprogramm der 12-Schritte-Gruppen:

Wir fassten den Entschluss, unseren Willen und unser Leben der Sorge Gottes – wie wir ihn verstanden – anzuvertrauen.

Im Gebet hört sich das so an: DEIN Wille geschehe.

Warum hilft diese innere Haltung? Weil es sowieso stimmt. Du kannst das Leben nicht zwingen, egal wie sehr du es kontrollierst, und auch Affirmationen, Feng Shui, bewusstes Ausrichten, das Messen deiner Körpertemperatur und geplanter Sex können zu Kontrolle werden.

Je bewusster und freiwilliger du dein Leben, aber auch deinen Willen, einer positiven, liebenden, am Leben interessierten höheren Macht anvertraust, desto leichter kommst du in Frieden mit dem, was ist.

»Würde ich ja gern, aber wo ist diese liebende Kraft?«, fragst du nun mit Recht. Wie sollst du das tun, hat dich das Leben nicht gerade aufs Schmerzhafteste im Stich gelassen? Liest du nicht dieses Buch, eben weil das Leben oder auch Gott, wenn du die kosmische Ordnung so nennen willst, dich schmählich verraten hat?

Schauen wir tiefer. Stimmt das wirklich? Hat dich das Leben verraten? Hat dich die göttliche Kraft, die spirituelle Führung, im Stich gelassen? Es fühlt sich so an, und dein Schmerz ist vollkommen angemessen. Und doch gibt es eine höhere Ordnung, du hast sie deutlich kennengelernt, auch wenn sie dich anders geordnet hat, als du es mit vollem Recht wolltest.

Wie kann ich dir Mut machen, erneut zu vertrauen und dich noch tiefer hinzugeben, wenn dich die Hand Gottes, in die du, einem sehr bekannten Spruch nach, fallen solltest, nicht aufgefangen hat? (»Du kannst nie tiefer fallen als in Gottes Hand« – nun ja, das ist manchmal SEHR tief, oder?)

Ich kann es gar nicht, befürchte ich. Zu glauben und zu vertrauen ist ein bewusster Schritt – und zugleich braucht es vertrauensbildende Maßnahmen von demjenigen, dem du vertrauen willst. Es ist Gottes Aufgabe, sich dir als vertrauenswürdig zu erweisen. Deine Aufgabe, wenn du das willst, ist es, dieser Kraft eine Chance zu geben und dich tiefer auf sie einzulassen. Du kannst es also nur riskieren. Deshalb heißt der Schritt »Wir fassten den Entschluss …«. Denn es ist eine Entscheidung.

So bitte ich dich, nimm dir etwas zu schreiben, und schreib der göttlichen Kraft, die dich so schmählich verraten hat, einen Brief. Schreib ihr, wie du dich fühlst, klag sie an, wirf ihr vor, was sie dir zugemutet hat.

Ich sage »Gott«, und ich meine damit auch jetzt jede höhere Kraft, die für dich einen Sinn ergibt; es ist hier nur ein Wort, hat nichts mit dem kirchlichen Gott zu tun. Nenn die Kraft Spirit. Nenn sie Geistige Welt, nenn sie Kosmos, nenn sie Universum.

Zeig der Welt deinen Schmerz, lass das Universum wissen, dass es dich tief enttäuscht und verletzt hat, lass es wissen, dass du dich selbst dafür anklagst, versagt zu haben, obwohl die Anklage doch ans Leben und nicht an dich gerichtet sein müsste.

Und dann, wenn du alles aus dir herausgeschrieben hast, entscheide, ob du bereit bist, dem Leben und dem Universum oder Gott eine neue Chance zu geben – das erfordert einen ungeheuren spirituellen Kraftakt von dir, das weiß ich. Es erfordert dein echtes Loslassen, dein echtes Abgeben, egal was die höhere Ordnung mit dir vorhat.

Es ist ein großartiger, gewaltiger Schritt der Hingabe an das Leben und fordert dich bestimmt sehr heraus – noch mehr, wenn du allzu sehr an deine eigene mentale Schöpferkraft glaubst. Nun, dann schöpfe. Schöpfe dir Vertrauen in eine höhere Kraft, die dich leitet und dich auf die für das Leben beste Weise dahin führt, wo du am dringendsten gebraucht wirst.

Wunderbarerweise ist der Platz, an dem wir am dringendsten gebraucht werden, auch immer der Platz, der uns die tiefste Erfüllung bringt, auch wenn er anders aussehen mag, als wir es gern hätten. Gib dem Universum eine Chance, dich zu führen, indem du eben einmal nichts schöpfst, nichts »bestellst«, sondern loslässt und dein Leben und ganz besonders deinen Willen tatsächlich einer höheren Ordnung anvertraust.

Vielleicht geschehen Wunder. Es lohnt sich, das auszuprobieren, du kannst ja wieder die Kontrolle übernehmen, wenn du nach ein paar Tagen nicht deutlich mehr Frieden spürst.

Du hast volle Hochachtung verdient, wenn du bereit wirst, in Frieden zu kommen und weiterzugehen. Gerade jetzt, in dieser Sekunde, erschaffst du menschliches Lichtbewusstsein, gerade jetzt verbindest du den Himmel mit der Erde, spinnst du Stroh zu Gold.

Vielleicht braucht es aber auch eine Reise zu deinen Ahnen, damit du noch tieferes Vertrauen lernst.

(Diese Meditation findest du ein wenig anders auch im Buch »Schatz, ich muss dir was sagen …«, Schirner Verlag 2011, und auf der CD »Deine Seele ist frei«, Schirner Verlag 2010. Ich erlaube mir, das Rad nicht immer wieder neu zu erfinden, sondern, wenn es funktioniert, das zu nutzen, was bereits entwickelt worden ist.)

Die Erlösung deiner Ahnenreihe

Erlaube dir, dich zu entspannen. Es gibt nichts mehr für dich zu tun, lass alles in dir sein, wie es gerade ist, folge deinen inneren Bildern und Gefühlen. Vertraue dem, was du in dir wahrnimmst.

Stell dir bitte ein Tor vor, das kann ein Steintor sein, vielleicht ein goldener Lichtbogen, ein natürlich gewachsenes Tor aus Bäumen – oder ein ganz anderes. Du gehst hindurch und befindest dich auf einmal in einer anderen Welt, in einer Welt, in der die Dinge eine tiefere Bedeutung haben.

Du befindest dich in einer Landschaft. Vor dir liegt ein Weg, und du entscheidest dich dazu, ihm zu folgen. Tiere, deine geistige Führung, Lehrer und Engel begleiten dich vielleicht, möglicherweise auch dein Krafttier; auf jeden Fall aber ist die große Urmutter bei dir, wie immer du sie dir vorstellst.

Du rufst die Kräfte der Ahnen und der Erde – und du spürst, wie sich tatsächlich etwas verändert, wenn du diese Kräfte rufst.

Du gehst den Weg weiter und bemerkst auf einmal ein großes Feuer. Um dieses Feuer herum sitzen sehr viele Wesenheiten, vielleicht welche, die du kennst, vielleicht auch andere, Schutzengel, Krafttiere, Lichtkräfte oder auch dunkle Energien. Schau einfach hin, und lass es sein, wie es ist. Ein Platz ist noch frei.

Eine sehr große, machtvolle Wesenheit tritt auf dich zu und sagt dir: »Dies ist deine Ahnenreihe, und ich bin der Hüter eures Schicksals. Hier findest du auch Inkarnationen deiner Selbst, wenn du noch etwas für sie trägst.«

Das große, machtvolle Wesen führt dich an den freien Platz, und du setzt dich ans Feuer. All die Wesenheiten, deine Ahnen, die Hüter deiner Ahnen, alle, die um das Feuer herumsitzen, verneigen sich vor dir. Du spürst, die Stimmung ist sehr feierlich, sehr machtvoll.

Das große Wesen sagt dir: »Seit Anbeginn der Zeit trägt deine Linie eine besondere Aufgabe, eine schwere Last, eine Frage an das Leben. Deine Eltern, deine Großeltern, all deine Ahnen, vielleicht auch deine Geschwister, ganz bestimmt aber deine Kinder, seien sie geboren oder nicht, tragen bereits diese schwere Last. Sie ist euch so sehr vertraut, dass ihr sie vielleicht gar nicht bewusst wahrnehmt, und doch spürt ihr immer wieder, dass das Leben manchmal leichter sein dürfte, freier und erfüllter. Ihr habt eure Aufgabe erfüllt, ihr habt all die Erfahrungen gemacht, die zu machen ihr euch bereit erklärt habt, und es wird Zeit, sie loszulassen. Wir danken dir von Herzen, denn du bist der Teil deiner Ahnen, der dieses Schicksal ein für alle Mal beendet.«

Du spürst in dich hinein, lässt dir Zeit zu erkennen, wo in deinem Körper sich diese ganz besondere Last aufhält, und auf einmal erkennst du: Es stimmt. Du trägst eine Last, du spürst, wo sie sich befindet und welche Auswirkungen sie auf dein Leben hat. Vielleicht war dir bislang nicht bewusst, was du trägst, oder die Energie ist dir so vertraut, dass du dachtest, das Leben sei einfach so – und vielleicht stimmt das nicht. Vielleicht weißt du nicht einmal genau, worin diese Last besteht, aber du spürst, dass du bereit bist, sie loszulassen.

Nun öffne bitte deine Hände, und stell dir deine Kinder vor, vielleicht sogar deine Enkelkinder. Bitte ganz besonders die Seelen deiner nicht geborenen Kinder zu dir. Halte deine Hände geöffnet, und bitte die Kinder, dir jetzt alles zurückzugeben, was sie bereits für diese Ahnenreihe tragen – in Form von Energie, von Symbolen, vielleicht einfach von Schwere.

Nimm es an, lass dir alles zurückgeben, was du, ohne es jemals zu wollen, bereits weitergegeben hast. Du kannst das nicht vermeiden, darfst es aber jetzt beenden. Irgendwann spürst du, dass deine Kinder, deine Nichten und Neffen dir alles zurückgegeben haben, was heute erlöst werden darf.

Jetzt lass bitte alles, was du selbst trägst, in deine Hände fließen, vielleicht als Symbol, vielleicht wie einen Schatten oder wie einen Energieball, vielleicht wie einen Stein. Du trägst jetzt die Last deiner Kinder und deine eigene in den Händen – die Last, die deine gesamte Ahnenreihe trägt.

Und dann dreh dich zu deiner Mutter oder zu deinem Vater, je nachdem, wer da ist, und gib ihm oder ihr die Last zurück.

Sag ihm oder ihr: »Ich habe das für die ganze Ahnenreihe getragen, und auch du trägst das für uns alle. Ich gebe es dir zurück, aber nur, damit du deine Schwere, deine Energie, das, was du trägst, hineinfließen lassen kannst. Füge deine Last hinzu, und gib sie dann im Ahnenkreis weiter nach hinten.«

Und jetzt schau bitte, was passiert. Deine Mutter oder dein Vater, vielleicht ihre Schutzengel oder Hüter ihres Schicksals, ziehen jetzt alle Energie, die sie für die Ahnen tragen, heraus, fügen sie dem, was du ihnen gegeben hast, hinzu und geben die Last weiter an die Großeltern. Die Last wird ums Feuer herum weitergegeben, und jeder Ahn fügt das hinzu, was er trägt. Besonders die alten Verträge, Phiolen mit Gift, Waffen, alles, was es deine Ahnenreihe gekostet hat, dieses Schicksal auszuführen, kann jetzt losgelassen werden.

Die Verträge werfen deine Ahnen gleich ins Feuer. Auch du wirfst deine Verträge ins Feuer, die Heiratsversprechen, den Pakt mit dem Teufel, die Keuschheits- und Armutsgelübde, die Bindung an Kirchen, die Verträge mit Königen, die Sklaven- und Versklavungsverträge, magische Bindungen, seien sie weiß oder schwarz, und vor allem die seelischen Verträge.

Jede Verabredung, die du auf seelischer Ebene getroffen hast, um anderen ein Spiegel zu sein, darfst du nun ins Feuer werfen, wenn sie nicht mehr stimmig ist; all die magischen Verstrickungen, durch wen auch immer sie erschaffen wurden, darfst du wie Fesseln und schwarze Bänder aus dir herausziehen und ins Feuer werfen.

Deine Ahnen tun das Gleiche, und du spürst, wie die Energie sich ändert, wie Licht bereits jetzt seinen Weg zurückfindet. Weiter und weiter geben deine Ahnen die Last zurück, bis sie irgendwann am Ursprung, beim ältesten Ahn, angekommen ist.

Und das geschieht jetzt. Der Hüter eurer Ahnenreihe nimmt diese nun sehr schwere Last, verneigt sich vor euch allen und wirft sie ins Feuer. Augenblicklich lodert das Feuer hoch auf, und augenblicklich verbrennt die Last. Augenblicklich wird die gebundene Energie wieder frei, alles, was es euch gekostet hat, dieses Schicksal zu tragen.

All die Liebe, das Leben, das Glück, die Erfüllung, die es euch gekostet hat, damit ihr alle diese Erfahrungen machen konntet, fließt nun in die ganze Reihe zurück. Besonders die verlorenen Ahnen, die dunklen, vergessenen, verschwiegenen Ahnen kommen in die Reihe zurück, finden ihren Platz, reihen sich ein, nehmen am Leben teil.

Das Glück und das Leben strömen überall dorthin, wo sie fehlen, fließen zu den Ahnen, zu denen sie gehören. Auch du selbst wirst erfüllt, deine Kinder, Enkel, Geschwister, Nichten und Neffen. All das gebundene Leben wird frei. Deine eigenen Inkarnationen werden frei und lichtvoll, und Karma löst sich.

Immer lichter und heller wird der Kreis; einige der Ahnen beginnen, sich aufzulösen, ins Licht zu gehen. Alle Seelen, für die es jetzt Zeit ist zu gehen, verlassen das Feuer, gehen nach Hause; Seelenaspekte, die wegen des schweren Schicksals verloren gingen und abgespalten wurden, können jetzt zurückkehren, einfließen, in deine Ahnen, aber auch in dich selbst, in deine vergangenen Inkarnationen und in dich, wie du heute am Feuer sitzt.

Du spürst auf einmal Frieden, Frieden mit dem, was ist. Immer freier werden deine Ahnen, immer lichtvoller.

»Du bist jetzt frei, ein neues Leben zu führen, du bist jetzt frei, in Erfüllung, in Glück, in Freude zu leben«, scheinen sie dir zuzuwispern. »Wir danken dir aus tiefster Seele, dass du dich selbst und uns alle erlöst hast.«

Du bist tief bewegt und dankbar, dass du dir selbst und deinen Ahnen diesen Dienst erweisen durftest. Es kann sein, dass du noch ein paar Mal ans Feuer zurückkehren darfst, denn vielleicht gibt es verschiedene Aspekte, die nach und nach erlöst werden wollen.

Irgendwann stehst du auf und verlässt das Feuer. Du bemerkst ein zweites Tor. Du weißt, wenn du durch dieses Tor hindurchgehst, betrittst du ein anderes Leben, ein Leben, in dem Liebe, Erfüllung, Freude und Glück auf eine ganz andere Weise möglich sind, als du das bisher erlebt und gekannt hast.

Dein Leben voller Freiheit und Schöpferkraft wartet auf dich. Und so verneige dich noch einmal vor dem Hüter eures Schicksals, und dann geh durch das goldene Tor in dein neues Leben. Wenn deine Kinder mitkommen, ist es gut, wenn nicht, haben sie ein eigenes Tor. Es ist dein Tor, es geht nur um dich. Von nun an kann sehr viel mehr an Liebe, Freude und Glück auf Erden verwirklicht werden, in der Gegenwart, in der Zukunft und rückwirkend.

Wir dürfen noch einen Schritt weiter gehen. Du hast eine Verabredung mit der Seele oder gar mit dem Leben selbst getroffen, hast dich für die Erfahrung einer nicht ausgetragenen Schwangerschaft zur Verfügung gestellt. Diesen Vertrag darfst du dir anschauen, du darfst ihn überprüfen und gegebenenfalls lösen.

Wenn du dich spirituellen Sichtweisen öffnen kannst, dann bitte ich dich, mich zu begleiten. Wenn nicht, dann magst du dir vielleicht vorstellen, dass du einfach dein Unterbewusstsein nutzt, um innere Bilder zu bekommen. Es ist wirklich vollkommen gleichgültig, ob du an diese inneren Bilder glaubst oder nicht, wenn du nur bereit bist, ihre Botschaften, das, was hinter den Bildern steckt, gelten zu lassen.

Letztlich sind all diese Übungen nur Techniken, mit denen wir bestimmte Energien rufen oder aber bestimmte unbewusste Bereiche sichtbar machen, wie das auch im katathymen Bilderleben geschieht. So erlaube dir, zu nehmen, was für dich richtig ist, auch wenn die Verpackung vielleicht nicht ganz passend ist – passt sie allerdings, dann freue ich mich sehr, dich begleiten zu dürfen.

Schauen wir in die Verabredungen, schauen wir in die Verantwortungen, schauen wir nach hinten und nach oben oder unten.

BITTE lass dich in diesem Prozess begleiten, wenn du ihn nicht allein durchführen willst, denn er kann sehr tief greifend sein und braucht vielleicht einen Zeugen. Lies den Text ab Seite 121 nüchtern und neutral durch, bevor du dich auf die inneren Bilder einlässt, außer du bist geübt und vertraut mit innerer Arbeit.

(Nur) Für erfahrene Lichtarbeiterinnen:

Es kann sehr hilfreich sein, eine Rückführung zu machen, also zu einem Reinkarnationstherapeuten zu gehen und zu schauen, ob es alte Energien, alte Verträge oder alte Schuld zu erlösen gibt. Womöglich hast du einmal Kinder geopfert, einer Mutter ihr Kind geraubt, eine Mutter samt ihrem Kind verhungern lassen – wir alle haben eine Menge getan, um Energien zu erfahren, und wir haben uns dabei sehr verstrickt. Das macht nichts, wir dürfen es ja erlösen und Mitgefühl erfahren, entwickeln und weitergeben.

So geh, wenn du an so etwas glaubst, bitte zu einem Schamanen oder einem Therapeuten, dem du vertraust, und schau dir ganz frei, offen und ehrlich an, auf welche Weise du verantwortlich geworden bist. Und ja, natürlich weiß ich, wie das klingt, aber es zeigt sich immer wieder, dass es sehr, sehr hilfreich ist, Verantwortlichkeiten zu klären.

Ich arbeite seit zwanzig Jahren mit Rückführungen, und es ist immer wieder erstaunlich, wie viel Klarheit und Frieden entstehen, wenn du die alten Geschichten auf hoher Ebene erlöst.

Wenn du dann am Ende der Rückführung in höhere Dimensionen schaust, um zu erkennen, worum es tatsächlich ging, dann wirst du sicher erstaunt sein, welche Erfahrungen du in Wahrheit machen und dem anderen ermöglichen wolltest.

Ich möchte dir keine schriftliche Rückführung geben, denn es ist wirklich wichtig, dass du dich dabei begleiten lässt, wenn es dir hilfreich erscheint. Nicht, um die Schuld, die eventuell auf dir lastet, wieder und wieder herumzuwälzen, sondern um sie anzuerkennen, loszulassen und um frei zu werden für eine andere, glücklichere Art der Begegnung.

Den Seelenvertrag lösen und neue Verabredungen treffen

Mach es dir bitte bequem, und entspann dich so gut dir das im Moment möglich ist.

Vor deinem inneren Auge entsteht eine Treppe, die nach oben, mitten hinein in dein eigenes Zentrum führt, in die Dimensionen, in denen du Seelenverträge schließt, Verabredungen triffst, um Bewusstsein auszubilden und um für das Leben zur Verfügung zu stehen.

Diese energetische Mitte ist dein spirituelles Zentrum, und es ist nicht menschlich, es ist viel freier, weiter und klarer, als du dir das als Mensch wahrscheinlich überhaupt vorstellen kannst. Und weil das so ist, verstehst du auch, dass du möglicherweise Entscheidungen auf dieser spirituellen Ebene getroffen hast, die sich für dich als Mensch schwierig anfühlen – du wusstest nicht, wie sich das, was du auf Erden verwirklichen wolltest, tatsächlich als gelebtes Leben darstellen würde!

Immer weiter gehst du, und auf einmal stehst du vor einer Tür – in dem Moment, in dem du vor ihr stehst, schwingt sie auf, und du betrittst einen sehr großen, in einer klaren und reinen Frequenz schwingenden Raum. Das kann ein tatsächlicher Raum sein, aber auch ein Energiefeld – so, wie du ihn wahrnimmst, ist es richtig.

Du schaust dich um. Machtvolle Wesenheiten haben sich versammelt. Eine sehr vertraut wirkende Wesenheit steht auf einmal vor dir – der Hüter deiner Seele. Du hast ihn vielleicht noch nie wahrgenommen, doch du erkennst ihn sofort, und es ist, als kämst du nach Hause, als hättest du Vater und Mutter zugleich gefunden. Du bist sicher und geborgen. Der Hüter deiner Seele steht nun also vor dir, vielleicht ist es ein Engel, vielleicht eine Energie, vielleicht bist es sogar du selbst, vielleicht ist es Gott – wie du den Hüter wahrnimmst, ist es stimmig.

Gleichzeitig befinden sich die Seelen in diesem Raum, die du gern als Kinder zur Erde bringen wolltest, aber auch die, die sich ungewollt in deinen Bauch und damit in dein Leben gedrängt haben.

Lass dir Zeit, dich in diese Energien einzufühlen oder dir diese inneren Bilder vorzustellen. Frag dann bitte den Hüter deiner Seele, was du verabredet hast, wozu diese so schmerzlichen Erfahrungen dienten. Frag auch die Seelen der Kinder, welche Verabredungen ihr miteinander getroffen habt, ob du ihnen durch vergangene Inkarnationen etwas schuldig geblieben bist oder ob sie dich etwas lehren wollten.

Halte alle Antworten für möglich – diese hohen Ebenen haben oft ganz andere Ideen und Absichten, als wir das auf der Erde nachfühlen können!

Frag den Hüter deiner Seele, wozu diese Erfahrungen dienten, ob du alles, was du verstehen wolltest, auch verstanden hast. Vielleicht zeigt er dir nun einen ganz anderen Weg, erklärt, dass du gerade durch diese Erfahrungen auf deine Lebensaufgabe vorbereitet wurdest, oder er schenkt dir tiefen Frieden. Vielleicht erkennst du deine Aufgaben auch gar nicht; wenn das so ist, dann sag ihm das.

Nun erscheint ein sehr, sehr hoher Lichtengel, der Höchste, der Lichtbringer in seiner erlösten Gestalt. Er hält in den Händen eine große Schale, in der ein Feuer brennt. Er stellt die Schale mit dem Feuer in die Mitte des Raumes.

Auf einmal wird es ganz still, und du spürst: Etwas Großes darf und wird geschehen. Der Hüter deiner Seele tritt auf dich zu und übergibt dir ein Pergament, vielleicht sogar ein ganzes Buch, ein Symbol oder eine Energie.

Er sagt dir: »Dies ist dein Inkarnationsvertrag, dies ist die Abmachung, die du mit dir selbst getroffen hast; hier sind deine seelischen Aufgaben und das, was du dir zu erforschen vorgenommen hast, niedergeschrieben.«

Vielleicht magst du den Inkarnationsvertrag lesen, vielleicht wird dir in dem Moment, in dem du ihn in den Händen hältst, klar, was deine wichtigste Aufgabe auf der Erde ist.

Und nun entscheide. Wenn du willst, wenn du spürst, die Zeit ist reif, weil du in ein ganz neues Leben gehen willst, dann wirf den Inkarnationsvertrag jetzt – JETZT – in das Feuer. Hoch lodert es auf und verbrennt die alten Energien.

Dir wird klar, dass dieser Vertrag bis genau jetzt gegolten hat und wichtig war – für die alte Energie, für das, was du bis jetzt auf der Erde zu tun hattest und tun wolltest. Doch nun, weil du in einem Bewusstseinprozess bist, gilt der alte Vertrag nicht mehr, und auch das gehört zu dem Vertrag.

Es wird Zeit für etwas vollkommen Neues. Vielleicht magst du gar keinen Vertrag mehr haben, oder du entscheidest dich für einen neuen – vielleicht willst du von nun an einfach in Liebe und Glück leben – was immer du willst, teil es dem Hüter deiner Seele mit, und schau, wie er reagiert.

Der höchste Lichtbringer kommt und bittet dich, auch jene Verträge, die du mit ihm in seiner dunklen Gestalt geschlossen hast, ins Feuer zu werfen, und während du das tust, erkennst du erstaunt, dass du ein ganzes Bündel davon mit dir herumgetragen hast.

Augenblicklich fühlst du die Befreiung, und es kommt dir vor, als sei auch der Lichtbringer noch ein wenig heller geworden – hast du ihn doch befreit, indem du die dunklen Verträge mit ihm gelöst hast.

Auf einmal strömt sehr viel Energie in dich ein, auf ganz neue Weise, Energie, die du so noch nie gespürt hast. Du wirst mit Licht erfüllt in den zauberhaftesten und kraftvollsten Farben, strahlst von innen heraus, wirst selbst ganz und gar zu Licht.

Möchtest du auf der Erde eine physische Mutter sein, so bitte jetzt darum, für eine Seele zur Verfügung stehen zu dürfen, für eine Seele, die den Erdenweg tatsächlich gehen will. Bitte sie, jetzt in diesem heiligen inneren Raum zu erscheinen oder sich zumindest bemerkbar zu machen.

Lass dir Zeit, atme, und dann nimm wahr, ob eine Seele sich bemerkbar macht, ob du ein Kribbeln spürst, eine kleine Aufregung, ob dir warm wird oder ob dein Herzschlag sich beschleunigt.

Bitte die Seele, sich dir auf eine Weise bemerkbar zu machen, die du verstehst, und dann sei ganz offen für das, was du spürst. Natürlich kann es sein, dass du deinem Wunschdenken unterliegst, aber wenn du dich öffnest, dann passiert auch immer etwas.

Bitte diese Seele darum, den Mutterstrahl, der zu ihr gehört, fest und sicher in dir zu verankern, und erlaube ihr, zum für sie, und nur für sie, richtigen Zeitpunkt zu kommen.

Der Hüter deiner Seele schaut dich an und verneigt sich – und auf einmal verneigen sich alle geistigen Wesen in diesem Raum vor dir. Du spürst, dass der Mensch, der du bist, höchsten Respekt verdient hat, auch deinen eigenen – trägt er doch all diese Erfahrungen. Etwas in dir kommt zur Ruhe, und ein wesentlicher Anteil kommt auf einmal in Frieden mit allem, was ist.

Schau nun auf die Erfahrungen, die du auf der Erde erlebt hast, und tu dies mit neuen Augen. Was ist anders? Kannst du nun in Frieden kommen, dir selbst vergeben, falls du das für richtig hältst?

Bitte die Seele des Kindes, das du verloren oder abgetrieben hast, um Vergebung, wenn dir das richtig erscheint. Verneige dich vor ihr, und sag ihr: »Ich achte dein Schicksal, und ich bitte dich um Vergebung, dir nicht die Mutter sein zu können, die du brauchst.«

Es kann gut sein, dass du nun Folgendes klar und deutlich erkennst: Du bist GENAU die Mutter, die diese Seele gebraucht hat! Und damit darf es gut sein.

Sanft, ruhig und in deiner Zeit gehst du die Stufen zur Erde zurück, doch das Licht und die Hochachtung bleiben bei dir. Du weißt, du hast das Rad deines Schicksals beendet, zumindest in wesentlichen Aspekten deines Lebens, und du kannst jetzt ganz neu wählen, was du auf Erden verwirklichen, das heißt, in die Tat umsetzen willst.

Fühle, was du fühlst …

Du bist sehr traurig, fühlst dich leer und nutzlos. Aber vielleicht bist du auch ein wenig wütend – du hast allen Grund dazu. Wie gehst du um mit der Wut auf deinen Körper, wie mit dem Schmerz, den dir das Leben zugefügt hat? Wie kannst du bereit werden, mit alldem in Frieden zu kommen, dir oder vielleicht gar dem Leben selbst zu vergeben?

Und wie gehst du um mit der eventuellen Wut auf das Kind, das nicht geboren wurde, dem Groll, der sich in dir bilden könnte, wenn du dir nicht erlaubst, auch auf die Seele wütend zu sein, die dich entweder gegen deinen Willen zur Mutter auserkoren hat oder dich durch eine Fehlgeburt als Mutter abgelehnt hat? Erlaubst du dir, bei aller Trauer auch wütend zu sein, verletzt, voller Groll auf diese Seele, die einen anderen Weg gegangen ist, als du dir das gewünscht hast?

Diese Gefühle erlauben wir uns oft nicht, weil sie so unheilig zu sein scheinen, aber wenn wir uns dem Leben neu öffnen wollen, dann ist es wichtig, dass wir uns selbst erlauben, alles zu fühlen, was wir fühlen. Oft projizieren wir die Wut nach außen, klagen andere

Menschen an, die scheinbar das haben, was wir wollen, und die so unsensibel mit ihrem Glück umgehen. Wir könnten die Mutter erwürgen, die sich seufzend Zeit für sich selbst wünscht – würden wir doch nichts lieber tun, als endlich Windeln zu wechseln. Hatten wir eine Abtreibung, fühlen wir uns aus dem Kreise der Frauen ausgeschlossen. Wir sind einer Flut von Gefühlen, Urteilen und oft auch unangemessenen Ratschlägen ausgesetzt.

Zunächst: Bitte hör auf der Stelle auf, dich selbst, aber auch andere zu verurteilen. Jede Frau hütet ihren Hochzeitskorb, ihren Schoßraum, auf die für sie richtige Weise. Der einzige Schoßraum, der dich etwas angeht, ist dein eigener – der geht aber eben auch NUR dich etwas an.

Und genau hier wird es oft schwierig, denn die Außenwelt, die Menschen um dich herum, geben dir womöglich nicht den Raum oder das Verständnis, das du brauchst. Das brauchen sie auch nicht, aber du darfst dich deutlich und angemessen abgrenzen. Du erkennst gerade dadurch, dass dir eine wichtige Eigenschaft womöglich fehlt, eine Eigenschaft, die du als Mutter aber dringend benötigst: andere in ihre Grenzen zu weisen. Nicht die Kinder, das wirst du lernen, sondern Menschen, mit denen du durch die Kinder zu tun haben wirst. Die anderen Mütter, den Arzt, die Schwiegermutter, die eigene Mutter – du verstehst. Wenn du co-abhängig bist oder es einfach nicht schaffst, deinen eigenen Raum zu schützen, dann wirst du immer wieder in Schwierigkeiten kommen, wenn andere dir sagen, was sie von dir als Mutter oder von deinen Kindern erwarten. Und glaub mir, sie werden es versuchen. Aus welchem Grund auch immer meinen viele, sie dürften sich einmischen und Ratschläge oder gar Ermahnungen von sich geben, wenn sich der Bauch rundet. Ist das Kind erst da, gibt es einen Konkurrenzkampf, der immer wieder sprachlos macht. Resonanz hin oder her – es wird Zeit, dass du deinen Hochzeitskorb schützen und Nein sagen lernst.

Denn wenn die Außenwelt unangemessen auf deine Trauer reagiert, dann gibt es nur eine Antwort: Rückzug und ein klares »Stopp«. Und wer weiß, womöglich sollst du genau das lernen, denn die Seelen, die jetzt zur Erde kommen, brauchen einen stabilen, klaren Raum, in dem sie ihre Besonderheiten entfalten können und lernen, sich selbst zu meistern. Die Nachbarn und die Ansprüche der Verwandten haben in diesem Raum nichts zu suchen.

Du hast eine der schwierigsten Erfahrungen dieses Planeten erlebt, du trägst einen immensen Schmerz in dir, mit dem du ganz allein umgehen musst, auch wenn du noch so gute Freunde hast. Am Ende trägst DU diesen Schmerz, und am Ende musst DU damit in Frieden kommen oder eben nicht, es ist dein und nur dein Leben. Es sollte leicht sein, sich mit diesem Schmerz abzugrenzen, denn er ist gewaltig, er grenzt sich ja schon fast von selbst ab. Nur du weißt, wie riesig deine Selbstbeherrschung ist, wenn du trotz dieses Schmerzes immer noch nett bist.

Lass es. Sei nicht nett. Wer dich nicht versteht oder zumindest deine momentane Verfassung nicht akzeptiert, der hat im Moment nichts in deinem Leben zu suchen. Wie viel Schmerz brauchst du noch, bis du zu dir selbst stehst?

Wenn es dir körperlich einigermaßen gut geht und du dich gut bewegen kannst, dann lade ich dich zu einer Übung ein. Vorher aber noch ein paar Worte über Lilith und Kali:

Lilith spiegelt sich in der dunklen Seite des Mondes. In der Seite, die sich – aus irdischer Sicht – von der Sonne abgewandt hat, die sich dem Blick des Sonnenkönigs verweigert. Lilith ist der ultimative Schatten, das ewig Unbewusste und im Verborgenen Wirkende, das, was niemals ganz geklärt und deshalb ewig zauberhaft und beängstigend zugleich sein wird. In Lilith begegnen wir der Urwunde der Frau, der Hüterin von Leben und Tod, dieser scheinbar nicht zu heilenden Verletzung – die uns Mitgefühl und Demut vor dem Leben lehrt.

Lilith dient dem Leben und ist dabei nicht zimperlich; sie erkennt Lug und Betrug sofort und lässt sich nichts vormachen – sie macht kurzen Prozess mit all denen, die versuchen, sie zu hintergehen und ihr die Würde zu nehmen. Sie hütet ihren Schoßraum in aller Konsequenz.

Kali weiht dich in das Leben auf der Erde und in die unermessliche Urgewalt des Lebens ein. Sie zerstört den Schleier des »Maya«, der Illusion, und gibt dir die Kraft, das Leben mit allen Konsequenzen zu hüten und zu tragen. Sie gibt dir die Werkzeuge, wirklich dem Leben zu dienen. Sie ist mutig, kühn, unendlich kraftvoll und bereitet dir gerade durch ihre dunkle, kompromisslose und zerstörerische Energie den Weg zu wahrer Liebe. Wahre Liebe braucht Mut und Durchsetzungskraft, und Kali schenkt sie dir.

Bist du mit Kali vertraut, dann wirst du nie wieder zum Opfer werden, denn sie hat die Kraft, alles zu besiegen, was sich ihr in ihrem Dienst am Leben in den Weg stellt. Du kannst dein Leben voller Kraft, Liebe und Mut aus deinem Herzen heraus leben, weil du furchtlos und in vollem Bewusstsein deiner eigenen Schöpferkraft jeden Weg gehst, den das Leben dir zeigt.

Du hast eine massive körperliche Erfahrung erlebt, Blut, Schmerz und Tod. Das geistige Reisen hilft vielleicht, aber auch dein Körper braucht Heilung, Erlösung. Neben der Ruhe und der Pflege, die du dir hoffentlich gibst (du selbst brauchst nun dich als Mutter!) und im besten Fall von außen angeboten bekommst, neben Kräuterbädern, Bachblütentee, Wärme und Trost braucht dein Körper eine Gelegenheit, sich freizuschütteln, die in den Muskeln angestauten Gefühle loszulassen.

Dein Tanz zurück ins Leben

Sorge für kraftvolle Musik, die dich wirklich bewegt. Vielleicht magst du die 5 Rhythmen von Gabrielle Roth, vielleicht die dynamischen Meditationen von Osho, vielleicht afrikanische Trommelmusik, vielleicht spricht dich Heavy Metal an, oder es gibt eine andere Art von Musik, die dich in deine unteren Chakren, in die Erde, in dein Frausein, in dein Fühlen bringt.

Du bist eine Frau. Du hütest deinen Schoßraum. Das ist deine Aufgabe, und alles, was nötig ist, um diesen Schoßraum zu schützen, ist dir gestattet, egal ob es außen gut ankommt oder nicht. Wenn jemandem nicht gefällt, dass du dich schützt, dann sollte er dich eben nicht angreifen, oder?

Nun ruf bitte das Krafttier, das dir hilft, deinen Schoßraum zu schützen; ruf Kali, Lilith, wenn du magst, ruf die wilde Frau in dir, die Urmutter, die Kräfte, die du brauchst, um DICH zu spüren und um bei dir zu sein, egal wie du dich fühlst. Diese Kräfte kommen rot und schwarz daher, in den Farben der Erde, denn es geht um dein Wurzelchakra. (Nimmst du sie anders wahr, dann stimmt das natürlich für dich.) Ruf den Westen, wenn du dich mit Medizinrädern auskennst, die Erde.

Stell dich breitbeinig hin, damit du einen festen Stand hast. Nutze den Feueratem – zweimal ganz kurz und scharf durch die Nase einatmen, einmal stoßartig durch den Mund ausatmen –, um in Kontakt mit deinen Gefühlen zu kommen.

Dreh die Musik auf, und TANZE. Atme, stöhne, schreie, lache, weine, TANZE, was du fühlst, tanze deinen Verlust, dein Nein, deinen Schmerz, tanze den Tod, TANZE, und gib ihm Raum.

Stoß mit deinen Händen all die von dir, die dich im Moment nerven, die dich nicht verstehen, die dich womöglich verletzen, und zeig ihnen deine Grenze. Zieh dir einen Schutzkreis, indem du dich um dich selbst drehst und dich deutlich nach außen abgrenzt.

Geh über deine eigenen Schwellen hinaus. Genau dann, wenn du glaubst, du kannst nicht mehr, nutze den Feueratem und gib dich noch ein wenig tiefer hin. Erlaube dir, für einen Moment die Kontrolle über dich zu verlieren und dich tatsächlich zu fühlen.

Du darfst dich ruhig ein wenig hineinsteigern, ein bisschen übertreiben, um in dein wahres Fühlen zu kommen. Und es darf bei allem Schmerz, bei aller Trauer, auch lustvoll sein, denn du spürst, wenn du tanzt, das Leben, auch wenn es wehtut. So tanze, wenn die Zeit gekommen ist, schüttle dich frei, und öffne einen ganz neuen Raum in dir. Das Leben wird ihn mit sich selbst füllen.

Und hier ist ein Feuerritual, es ist ein schamanisches Ritual, vielleicht auch ein Hexenritual. Es kann in jeder Hinsicht sehr kraftvoll sein. Wie immer liest du das Ritual bitte zunächst neutral durch, damit du entscheiden kannst, ob es dich anspricht oder nicht.

Feuerritual

Gib dem Ritual bitte zunächst eine Absicht. Willst du sehr sanft und liebevoll Energien loslassen, der Seele deines Kindes helfen, nach Hause zurückzukehren? Willst du dich kraftvoll und klar reinigen, dich bewusst dem Leben wieder öffnen? Willst du Wut, Trauer und Schmerz, vielleicht auch die Kälte einer Abtreibung aus dir herauslösen?

Kauf dir bitte eine dünne Tafelkerze in einer für deine Absicht passenden Farbe. Folge dabei ganz deinem Gefühl. Schwarze Kerzen sind zum Beispiel sehr kraftvoll, wenn du Wut und Trauer oder auch dunkle Energien loslassen willst;

weiße, goldene oder silberne helfen der Seele, sich aus deinem Bauch zu verabschieden. Dein Bauch selbst wird dir die ideale Farbe zeigen, egal wofür sie stehen mag.

Richte dir einen Ritualplatz ein, entzünde ein geschütztes Feuer in der Natur, in deinem Gartengrill oder in deinem Kamin. Möchtest du ein sanftes Ritual haben, dann richte den Platz mit Blumen und Düften liebevoll her. Verbrenne Kräuter, trommle, wenn du davon berührt wirst.

Wie intensiv du dieses Ritual nun durchführst, hängt von dir selbst ab. Je mehr du bereit bist, dich hinzugeben und dich darauf einzulassen, desto tief greifender kann deine Heilung sein, das weißt du sicher. Ob du das Ritual durchführst, während du deine Monatsblutung hast oder nicht, liegt insbesondere daran, ob du in der Natur sein kannst und willst oder eben nicht.

Du hast deine Kerze, du hast deinen Ritualplatz. Führ nun die Kerze bitte so weit in dich, in deine Vagina ein, wie es für dich angenehm ist. Blutest du, dann sei besonders achtsam. Halte sie in dir, und lass nun mit jeder Ausatmung alles in diese Kerze einfließen, was du loslassen willst. Das kann sehr sanft geschehen, vielleicht spürst du aber auch intensive Gefühle und kommst mit tiefen Schichten deines Selbst in Kontakt. Lass es sein, wie es ist, alles fließt in diese

Kerze hinein. Vielleicht spürst du Leere, Kälte, Erstarrung, auch das darf in die Kerze fließen. Jedes Ritual wirkt, egal ob du dabei viel wahrnimmst oder nicht. Manchmal will genau das Nichtwahrnehmen gesehen werden.

Lass alles in diese Kerze hineinfließen, und zieh sie dann vorsichtig und achtsam aus dir heraus, zieh alles, was nun gehen will, mit der Kerze aus dir heraus. Wenn du willst, dann wasch sie ab, und lass all die Energie mit dem Wasser wegfließen, es kann aber auch sehr hilfreich sein, sie gerade so, wie sie ist, ins Feuer zu werfen und alles zu verbrennen, auch das Blut. Vielleicht willst du sie auch genau so, wie sie ist, anzünden und abbrennen lassen.

Schamanische Rituale sind nicht zimperlich. Was immer dir stimmig und richtig erscheint, tu es. Ein Kind zu verlieren ist eine äußerst schmerzhafte und blutige Angelegenheit, eines zu gebären auch. Den Schmerz über den Verlust aus dir herauszuziehen darf ruhig ein wenig archaisch sein.

Lass die Kerze oder das Feuer so lange brennen, bis all die schwere Energie verbrannt ist, segne dich und deine Gebärmutter, segne die Seele des Kindes, segne deine Entscheidung, wenn du eine getroffen hast, segne dich, weil du dieser Seele für ein paar Wochen eine wichtige Erfahrung ermöglicht hast. Kannst du einen Aspekt nicht segnen, dann gibt es eine wertvolle spirituelle Technik: so tun, als ob. Tu so, als wärst du in der Lage, dich und all deine Entscheidungen zu segnen.

Mehr wollte die Seele für dieses Mal nicht, sonst wäre sie geblieben. Sei dir dessen bitte ganz, ganz sicher.

Dein inneres Kind

Es wird Zeit, über das Unerwünschtsein zu reden. Entweder es gibt die freie Wahl einer Seele, auf diese Erde zu kommen, sich Eltern auszusuchen, bestimmte Erfahrungen zu machen, Bewusstsein zu entwickeln und sich in ein bestimmtes, passendes Energiefeld zu inkarnieren – oder eben nicht. Wir wissen es nicht, können nur anhand unserer Erfahrungen und dessen, was wir in Meditationen oder schamanischen Reisen, in Aufstellungen oder in Trance erleben, darüber spekulieren.

Ich weiß nicht, was du glaubst, mit welcher Sichtweise du dich wohlfühlst und was für dich stimmig ist. Ich kann dir nur meine Sichtweise anbieten, und ich bitte dich, lies sie durch, und entscheide, ob dich etwas davon berührt, ob dir etwas davon dient. Wenn nicht, dann lass es bitte einfach weg. Niemand weiß wirklich, wie wir den Weg zur Erde gehen. Jede Religion hat diesbezüglich eine andere Ansicht, und jeder fühlt es für sich womöglich anders.

Probiere bitte diese Sichtweise aus, wenn sie dir stimmig erscheint: Wir kommen auf die Erde, um hier Bewusstsein zu entwickeln, um im wahrsten Sinne des Wortes unser Licht auf die Erde zu bringen, das heißt, unsere Seelenkraft, unsere Liebe, unsere Weisheit hier auf Erden in Worten, in Taten, als Gedanken und als Gefühle zu erleben und zu teilen. Dabei kann es leicht passieren (wenn es nicht sowieso unumgänglich ist), dass wir uns in den irdischen Gegebenheiten verfangen, denn sie sind so dramatisch anders, als wir das von unseren feinstofflichen Dimensionen gewohnt sind, dass wir in ein tiefes Bewusstseinsloch fallen.

Gerade das aber brauchen wir, denn wir wollen ein neues Bewusstsein ausbilden, eines, das die Erfahrungen der feinstofflichen Welt und die Erfahrungen der materiellen Welt umfasst. Wir wollen Mitgefühl lernen und erfahren, auf menschlicher, aber auch auf geistiger Ebene, wir wollen für uns selbst neue Wege entwickeln und gehen, Wege, auf denen wir das, was wir in der Sternenwelt so vollkommen sicher wissen, in die Tat umsetzen – voller Demut und in Übereinstimmung mit den irdischen Gegebenheiten.

In vielen, vielen Reinkarnationssitzungen erfahren wir immer wieder, dass die Seele sich alle möglichen Erfahrungen wählt, Erfahrungen, die sich hier in der materiellen Welt völlig anders anfühlen, als sich die Seele das vorstellen kann. Dadurch fallen wir auf der menschlichen Ebene immer tiefer in seelische und spirituelle Bewusstlosigkeit; der Teil unseres Bewusstseins, der den irdischen Weg geht, rutscht immer tiefer ins Vergessen. Und das ist auch sinnvoll, denn wenn wir wirklich das Licht ins Dunkle bringen wollen, dann müssen wir das Dunkle auch erfahren, sonst können wir es mit unserem Lichtbewusstsein gar nicht erleuchten und durchlichten.

Erleben wir das Dunkle in all seiner Kraft, verfangen wir uns in ihm, dann ist das Licht, das wir bringen, wirkungsvoll, es trägt und wirkt. Bleiben wir an der Oberfläche und vermeiden wir tiefe Erfahrungen auch mit dem dunklen Pol, dann verflüchtigt sich unsere Energie genau dann, wenn sie wirklich gebraucht wird. Unser Licht zeigt sich auf der Erde als Mitgefühl, Geduld, Vergebung und Nachsicht. Opfer zu sein, sich ausnutzen zu lassen und dem anderen alles zu erlauben, zeigt dagegen Dunkelheit und Angst. Bitte lass uns das nicht verwechseln!

Irgendwann also machen wir uns auf den langen Weg zurück zu uns selbst, kehren mit all den Erfahrungen, die wir auf der Erde erlebt haben, mit all den Glaubenssätzen, mit all den gespeicherten Schocks in der Amygdala (dem Mandelkern im Gehirn, der unsere Erfahrungen als harmlos oder gefährlich einstuft), zu uns selbst zurück und entwickeln ein ganz neues, einzigartiges Bewusstsein. Dieses Bewusstsein entsteht aus der Verschmelzung unserer irdischen Erfahrungen mit unserer feinstofflichen, lichtvollen Präsenz.

Das ist ein langer Weg, und jede Station entsteht durch eine Seelenentscheidung. Wenn du als Kind unerwünscht geboren wurdest, dann hast du das entschieden. Wahrscheinlich, um zu lernen, dich selbst zu lieben, denn wenn du dich nicht geliebt fühlst, dann musst du dich, um zu überleben, auf den harten Weg der Selbsterkenntnis begeben, um Selbstliebe zu erlernen.

Vielleicht vergibst du deiner Mutter und deinem Vater eifrig die Tatsache , dass sie dich nicht wollten, und bist einigermaßen erfolgreich damit – und doch bleibt ein Stachel. Du kannst nicht aufhören, es ihnen irgendwie recht zu machen, du spürst keine echte Daseinsberechtigung, du fragst immer wieder, ob du wirklich tun darfst, was sich für dich selbst gut anfühlt. Dein inneres Kind kommt nicht zur Ruhe, es ist, als gäbe es noch eine offene Rechnung. Und die gibt es auch. Denn mal ehrlich – wie unsinnig ist es, deiner Mutter zu vergeben, dass sie dich nicht wollte?

Probiere, wenn du magst, einmal folgende Sichtweise aus, einfach weil sie so vielen Menschen bereits dabei geholfen hat, in echten Frieden zu kommen.

Drehen wir doch die Verantwortlichkeiten einmal auf links und schauen genauer hin – wer hat denn gewonnen? Wer hat sich das Leben einfach gegeben, ohne zu fragen und ohne das Nein derjenigen zu achten, deren Körper wir nutzen, um geboren zu werden?

Ganz ehrlich, liebste Seele: Wenn deine Mutter dich nicht wollte, wenn dein Vater nicht bereit war, für ein Kind zu sorgen – wieso bist du dann zu ihnen gekommen? Aus welchem Grund hast du ihren ausdrücklichen Wunsch, nicht Eltern zu werden, nicht respektiert?

Verstehst du, was ich meine? Wenn sie Nein sagten, wenn deine Mutter dir keinen Platz in ihrem Bauch geben wollte, wie bist du dann überhaupt auf die Idee gekommen, dich ihr dennoch zuzumuten, ihr die Schmerzen der Geburt zu bereiten und sie zu zwingen, für dich zu sorgen?

Auf hoher Ebene ist das alles abgesprochen, aber da fühlen wir uns auch nicht unerwünscht oder überrumpelt. Aber auf der irdischen Ebene bist du deinen Eltern vielleicht genauso etwas schuldig wie sie es dir zu sein scheinen, oder? Denn du hast gewonnen, du bist gegen ihren ausdrücklichen Wunsch da, sie mussten dich versorgen und haben es getan. Dass es nicht voller Liebe und Bereitschaft geschehen ist, nun ja – sie haben ja auch auf die Frage, ob sie deine Eltern sein wollen, mit »Nein« geantwortet, oder? Wenn du dann dennoch kommst, kannst du eigentlich nicht erwarten, dass sie dich mit offenem Herzen empfangen, oder?

Was hat dieses Wissen, dieses Gefühl des Unerwünschtseins, in dir angerichtet? Der Schmerz darüber sitzt sehr tief und wirkt wahrscheinlich lähmend auf dein ganzes Leben. Ich verneige mich vor deinem Schicksal und dem Mut, diese Erfahrungen zu erleben.

Sicher fühlst du dich oft irgendwie fehl am Platz, beschämt, gelähmt, traust dich nicht, das zu sagen oder zu tun, was du tun willst – wenn du es überhaupt spürst, weil du so sehr gelernt hast, dich anzupassen, um nicht noch mehr Missbilligung und Ablehnung zu erfahren, oder?

Vielleicht war es dein Vater, dessen Liebe und Aufmerksamkeit du zu erringen versucht hast, und vielleicht bist du noch immer dabei, das zu tun. Dein eigenes Leben lebst du nicht; du weißt vielleicht nicht einmal, wie das aussehen könnte, denn du bist so sehr damit beschäftigt, den grundlegenden Mangel in deinem Leben zu ertragen und auszugleichen, dass du zu Höhenflügen wie Selbstverwirklichung – die Verwirklichung deines Hohen Selbst – gar nicht kommst, richtig?

Vielleicht versuchst du, die Lasten deiner Mutter zu tragen, um sie in die Lage zu versetzen, dich doch noch zu lieben. Wenn sie nur glücklicher wäre, wenn sie es nur leichter hätte, wenn du ihr nur alles abnähmst, dann würde sie vielleicht doch noch ihr Herz für dich öffnen …

Vielleicht hast du auch das Gefühl, irgendwie in der falschen Familie zu sein, nicht dazuzugehören, von einem anderen Planeten oder Stern zu stammen.

Es ist für die innerlich gefühlte natürliche Ordnung, an die wir angeschlossen sind, wahrlich ein Schock, wenn wir den mutigen Schritt wagen, auf die Erde zu kommen, und dann nichts als Ablehnung, Angst oder Gleichgültigkeit erleben, auch wenn wir das noch so sehr verabredet haben. Wir haben gar keine Chance, unsere eigene Kraft und Energie zu spüren, denn wir sind augenblicklich damit beschäftigt, für unser Überleben zu sorgen.

Wenn deine Mutter nicht glücklich darüber war, mit dir schwanger zu sein, wenn sie sich Angriffen von außen ausgesetzt fühlte, wenn sie Angst hatte, wenn sie, aus welchen Gründen auch immer, nicht in der Lage oder nicht bereit war, Mutter zu werden, dann musst du als Seele, die gerade dabei ist, einen Körper auszuformen, dafür sorgen, dass du dennoch ein einigermaßen sicheres Heim bekommst, sonst stirbst du.

Du wirst alles tun, um es deiner Mutter recht zu machen und es ihr zu ermöglichen, überhaupt deine Mutter zu sein, und wahrscheinlich fängst du in ihrem Bauch bereits damit an. Du machst dich klein, krümmst dich zusammen, später wirst du nur deine allerdringlichsten Bedürfnisse anmelden und ansonsten lernen, alles mit dir allein abzumachen. Du richtest dich häuslich im Mangel ein, bis du glaubst, etwas anderes gäbe es nicht. Deine eigene Kraft kennst du nicht, du erlebst dich in Reaktionen auf andere, nicht in eigenen Impulsen. Du bist es gewohnt, darauf zu achten, ob du willkommen bist oder nicht, du spürst sofort, wie du dich zu verhalten hast, um entweder nicht aufzufallen oder Punkte für dich zu sammeln.

Nur manchmal bekommst du das Gefühl, an deinem eigenen Leben vorbeizuleben. Das ist auch der Fall. Du bist vielleicht so sehr damit beschäftigt, dir einen sicheren Platz einzurichten, dass du vor lauter Anstrengungen gar nicht mehr dazu kommst, deinen Platz zu nutzen und auszufüllen.

Wenn du deinen eigenen Platz auf der Erde wirklich nutzen willst, brauchst du eine relative Unabhängigkeit von den Menschen um dich herum. Im Zweifelsfall wirst du riskieren müssen, angegriffen oder einfach nicht gemocht zu werden. Für das unerwünschte innere Kind ist das der Weltuntergang, und zwar mit Recht, denn sein Überleben hing davon ab, dass deine Mutter es nicht abtrieb, sondern ihm ihren Körper, wenn auch unfreiwillig, zum Wachstum zur Verfügung stellte. Du bist als Baby, aber vor allem als ungeborenes Wesen, zu hundert Prozent der Willkür deiner Mutter ausgeliefert: Wenn sie nicht will, dann will sie nicht, und dann hast du keine Chance, denn sie hat die uneingeschränkte Macht über dich. Nun, ob sie dich wollte oder nicht – du bist hier, du hast den Kampf um dein Leben gewonnen und sie vielleicht gar gegen ihren Willen zu deiner Mutter gemacht, oder?

Wozu schreibe ich das?[1] Um dir zu zeigen, dass das sogenannte Unerwünschtsein nicht die Ursache deiner Schwierigkeiten ist, sondern die Folge deines Entschlusses, das Nein der Mutter oder des Vaters zu ignorieren. Und um das zu erlösen, schreibe ich noch ein bisschen weiter von mir selbst ab und biete dir folgende Meditation an – damit du erlebst, wie es ist, in Liebe auf der Erde willkommen zu sein.

Lass sie dir bitte vorlesen. Es gibt sie auch auf meiner CD »Das innere Kind: Meditationen zur Heilung der Seele«, Schirner Verlag 2009.

---

1 Ich habe es nicht neu geschrieben, es steht in meinem Buch »Die Heilung des inneren Kindes«, Schirner Verlag 2008.

Die ideale Mutter finden

Setz oder leg dich bequem hin, schließ deine Augen, entspann dich, und nimm dich selbst im Bauch deiner Mutter wahr. Wie ist es hier? Wie fühlst du dich, wie geht es deinem Körper?

Nimm wahr, wie es ist, nicht erwünscht zu sein, wie sehr du dich anspannst, um nicht aufzufallen, wie eng sich alles anfühlt, wie dunkel und kalt. Vielleicht fühlst du dich auch ganz wohl, spürst aber dennoch, dass etwas nicht stimmt. Vielleicht steigt in dir der Wunsch auf, diesen Ort ganz schnell wieder zu verlassen, vielleicht spürst du, du willst gar nicht hier sein, in diesem Bauch oder überhaupt auf der Erde.

Spür das – und nun geh. Verlass diesen Bauch, verlass die Erde, verneige dich bitte vor deiner Mutter, und bitte sie um Vergebung dafür, dass du versucht hast, dich in ihr einzunisten, obwohl sie es nicht wollte. Verlass den Körper deiner Mutter, räum die Gebärmutter, und steig in einer Lichtsäule auf in das Reich deiner Seele, nimm alles mit, was zu dir gehört, und verlass die Erde. Keine Sorge, dein Körper ist geschützt, du bist ja da.

Kehr zurück in den Zustand, in dem du warst, bevor du in dieser Inkarnation zur Erde gekommen bist, und triff eine neue Entscheidung. Du wolltest die Erfahrung des Unerwünschtseins erleben – nun, jetzt hast du sie erlebt, nun darf es gut sein.

Sicher wolltest du lernen, dich selbst sehr bewusst zu lieben, und das kannst du nur dann, wenn du bewusst mit dem Schmerz des Unerwünschtseins konfrontiert wirst. Aber das ist nun geschehen, und es wird Zeit für eine neue Wahl, eine neue Inkarnation.

So schau, ob du bereit bist, noch einmal zu kommen, diesmal in ein Energiefeld von Liebe und Fürsorge. Schau, ob du bereit bist, dich diesmal willkommen geheißen zu fühlen, ob du dir erlauben kannst, dir eine Mutter zu suchen, die dich liebt und die dir voller Liebe und Freude Raum bietet, in dem du wachsen und gedeihen kannst.

Vielleicht gibt es Seelenanteile, die nicht mehr mitkommen wollen; wenn das so ist, dann erlaube ihnen, in die Räume des Schlosses zu gehen, in dem sie sich wohlfühlen und zu Hause sind.

Bitte nun die seelischen Anteile, die Farben, Frequenzen und Töne zu dir, die sich aufmachen möchten, neu zu beginnen, die in einem Energiefeld von erfüllter Liebe und Fürsorge aufwachsen wollen. Spür, wie sich deine seelischen Anteile zu sammeln beginnen, wie sie bereit werden, auf die Reise zu gehen.

Und nun, wenn du bereit bist, eine ganz neue Inkarnation anzutreten, ganz neue Erfahrungen zu machen, schick bitte einen hell leuchtenden Lichtstrahl zur Erde. Einen Lichtstrahl, der alle Informationen enthält, die du brauchst, um deinen Platz auf der Erde einzunehmen. Schick Liebe auf die Erde, Fürsorge, Wärme, Erfüllung, Leichtigkeit, was auch immer du verwirklichen willst.

Bereite dir selbst deinen eigenen Platz auf der Erde, deinen Licht- und Leitstrahl, bereite dir selbst das Energiefeld, in dem du wachsen und dich entfalten kannst. Sieh den Lichtstrahl auf die Erde fallen und einen Kreis bilden – das ist nun dein Platz auf der Erde, der Platz, an dem du angebunden bist an die unermessliche Schöpferkraft deiner eigenen Seele.

Und nun bitte darum, dass jemand diesen Lichtkreis betritt, dass der Mensch hineintritt, der nun bereit ist, dich in aller Liebe und Fürsorge zu empfangen. Denk nicht darüber nach, wer das sein kann, sondern erlaube, dass genau der Mensch in den Lichtkreis tritt, der von nun an deine dich liebende Mutter sein möchte – und vielleicht bemerkst du erstaunt, dass du selbst in dem Lichtkreis erscheinst. Du selbst bist es, der dich empfangen und gebären kann und möchte, du selbst kannst deine eigene Mutter sein.

Frag bitte, noch während du dich hoch oben im Energiefeld deiner Seele befindest, ob die Person unten im Lichtkreis bereit ist, dich zu empfangen, und spür ihr von Herzen kommendes Ja. Anders geht es nicht, denn wir haben ja die Person in den Lichtkreis gebeten, die dir nun eine liebende, fürsorgliche Mutter sein will.

Nun erlaube dir, langsam und sachte in sie einzuströmen, ganz bewusst deinen Platz in ihrem Bauch einzunehmen, egal ob du männlich oder weiblich bist. Finde die Stelle, an der du dich einnisten willst, und fließ langsam hinein, dehn dich aus, nimm die Geborgenheit und die Wärme wahr, spür das Gefühl des Willkommenseins.

Spür auch, wie es ist, schwanger zu sein, wie es ist, jemanden in dir willkommen zu heißen, die Verantwortung und die Fürsorge zu übernehmen; spür, wie es ist, aus vollem Herzen Ja zu sagen, eine Mutter für dich selbst zu sein, mit dir selbst schwanger zu sein. Vielleicht spürst du beide Zustände gleichzeitig, das erfüllende Mutterwerden und das beglückende Gefühl, ganz und gar willkommen und erwünscht zu sein.

Lass dich ausfüllen, erfüllen von dieser Liebe und diesem selbstverständlichen Gefühl, willkommen zu sein, einfach weil du da bist. Natürlich bist du erwünscht, du brauchst nur dahin zu gehen, wo du geliebt wirst, und die Orte zu verlassen, an denen dies nicht der Fall ist.

Stell dir nun bitte deine Mutter vor, verneige dich vor ihr, und dank ihr für die Erfahrung, die du durch sie machen durftest; bitte sie, wenn du magst, um Vergebung dafür, dass du dich gegen ihren bewussten Willen bei ihr eingenistet hast.

Damit hören die Schuldgefühle auf, du brauchst es ihr nun nicht mehr recht zu machen, um die alte Schuld auszugleichen, du kannst loslassen und weitergehen. Von nun an kann Liebe fließen, wie sie fließen will – du brauchst nicht das wiedergutzumachen, was du ihr unbewusst, aber dennoch sehr wirksam angetan hast. Du kannst aufhören, sie doch noch dazu zu bringen, dich zu lieben, oder das, was du ihr zugemutet hast, wiedergutzumachen.

Bleib bei dir selbst, bleib als Baby in deinem eigenen Bauch, vielleicht möchtest du auch in dich hineinströmen, dich selbst, deinen Körper ganz und gar ausfüllen – mach es so, wie es sich richtig anfühlt. Es kann sein, dass es gut ist, wenn du dich noch ein bisschen schwanger mit dir selbst fühlst, möglicherweise aber möchtest du die neue Seelenenergie auch gleich in jeder Zelle wahrnehmen. Du weißt selbst, wie es sich am besten anfühlt, so erlaube dir von nun an, erwünscht und geliebt zu sein, willkommen und geborgen auf der Erde – und in dir selbst.

Was hat dein eigenes Unerwünschtsein mit deiner Erfahrung einer Fehlgeburt oder einer Abtreibung zu tun? Nun, vielleicht ging es darum, Mitgefühl mit deiner Mutter zu erfahren, ihren Weg zu erkennen, ihn vor allem anzuerkennen und deshalb damit in Frieden zu kommen. Damit darfst du nun auch Mitgefühl mit dir selbst haben – Mitgefühl statt Selbstmitleid, das dich nur lähmt.

Was immer dir geschieht, letztlich geht es immer darum, was sich in dir daraus entwickelt, es geht immer um die Bewusstseinsperle, die du formst. Je mehr du im Frieden mit dir selbst und deiner eigenen Kindheit bist, desto freier und liebevoller kannst du Mutter für eine andere Seele sein.

Unterschätz nicht die Rebellion deines verzweifelten inneren Kindes! Wenn du unerwünscht bist, dann ist es sicherlich sehr tief verletzt, wenn du es nicht erlöst, und dann wird es vielleicht nicht erlauben, dass sich eine andere Seele in dir breitmacht und sich die Liebe nimmt, die es selbst so dringend braucht.

Klingt das niederträchtig? Dein inneres Kind kämpft um sein und damit um dein eigenes Überleben. Die Seele des Kindes, das zu dir kommen will, weiß das und wird deshalb zunächst für jene Erfahrungen sorgen, die du brauchst, um ihm eine liebevolle und nachsichtige, gütige Mutter sein zu können. Hast du ein verletztes inneres Kind in dir, so wirst du immer wieder in Konflikte kommen, weil es eifersüchtig auf dein äußeres Kind wird. Klingt das zu abgehoben?

Du kennst sicher selbst Mütter, die ihr Kind vor allem deshalb wollen, damit sie es »anders« machen können als ihre eigene Mutter, solche, die ihrem Kind geben wollen, was sie selbst nie hatten. Sie verlagern ihre Bedürfnisse nach außen, anstatt ihr inneres Kind zu nähren und zu halten – und werden damit eventuell gar blind für das, was ihr leibliches Kind tatsächlich braucht!

Das wichtigste Kind deines Lebens hast du schon, dein inneres Kind. Solange dieses innere Kind nicht glücklich und geborgen in dir ruht, solange es nicht sicher und genährt ist, so lange kann es sehr schwierig sein, schwanger zu werden und nach außen zu geben, was du in dir so dringend brauchst – es ist einfach nicht genug Energie da!

Klingt das immer noch so absurd? »Klar«, magst du sagen, »das hört sich alles stimmig an, aber es gibt jede Menge Frauen, die sich nie um diese Dinge kümmern würden (vielleicht drückst du es so aus: »Die sich um einen solchen Scheiß nicht scheren …«) und dennoch oder erst recht schwanger werden.«

Ja. Aber du bist ein bewusster Mensch und hast damit andere Aufgaben, bringst eine andere Seele zur Welt, stehst für höher entwickelte Seelen zur Verfügung. Ja, das klingt wertend und nach Mutterego, aber so meine ich es nicht. Diese besondere Seele, die durch dich kommen will, braucht eine besondere Mutter. Das hast du verabredet. Und sicher hast du auch mit ihr verabredet, dass du erst mal selbst heil wirst, damit du nicht, ohne es zu wollen, deine alten Verletzungen weitergibst.

Wenn du dir also vorstellen kannst, dass dein inneres Kind womöglich verhindert, dass du ein »äußeres Kind« bekommst, dann wird es Zeit, dass wir genauer hinschauen. Wieso hat es eigentlich so viel Macht? Glaubst du nicht an innere Kinder, dann nimm das Wort Unterbewusstsein.

Das innere Kind hat ungefiltert und ohne Kontrolle all das, was du je als Kind erlebt hast, innen und außen, deine Wünsche genauso wie jede Strafe, deine Erfolge genauso wie jede Missbilligung, in sich gespeichert – besonders die Gefühle, die du als Kind eben nicht fühlen konntest, durftest.

Das innere Kind hinterfragt sein Erleben nicht, es fühlt, was es fühlt, und seine Reaktionen drauf sind unmittelbar und unzensiert. Es kann überschäumend glücklich sein, einfach so, weil ein Schmetterling auf seiner Hand landet, es kann entzückt auf den Mond schauen und überwältigt sein von der Fülle und der Schönheit des Lebens

– aber unbewusst. Ohne Absicht. Deshalb ist es so bezaubernd. Es kann aber genauso unvermittelt Nein sagen, schmollen, wütend werden, Vergeltung und Rache üben wollen, eben weil es unbewusst agiert. Das innere Kind steht mit deinem echten Gefühl in Kontakt, mit deinem unmittelbaren Erleben und mit deinen unzensierten Reaktionen darauf. Deshalb heißt es »das innere Kind«, denn es ist weder reflektiert noch bewusst. Je verletzter und verdrängter es ist, desto stärker bestimmt es dein Leben.

Was es für dein inneres Kind bedeuten kann, dass du schwanger wirst und ein Kind in dir heranwächst, das kannst du dir sicher vorstellen, wenn du einmal darüber nachdenkst, wie Kinder oft auf Geschwister reagieren. Ist es ein gehütetes, geliebtes und umsorgtes Kind, das in der Fülle lebt und sich sicher und geborgen fühlt, dann kann die Vorstellung, ein Geschwisterchen zu bekommen, sehr beglückend sein. Ist es einsam, dann freut es sich auf einen Verbündeten.

Aber du kannst dir genauso gut vorstellen, dass ein Kind sehr ängstlich und deshalb destruktiv reagiert, wenn es sowieso im Mangel ist, nicht geachtet wird und Angst davor hat, endgültig verdrängt zu werden.

Willst du nicht wahrhaben, dass du womöglich ein solches inneres Kind in dir hast, dann stimmt es entweder nicht (was weiß denn ich über dein inneres Kind?) – oder es wird schon wieder ignoriert. Dein inneres Kind kann sabotieren – es kann aber auch sein, dass es mit der Seele, die durch dich kommen will, sei es zunächst nur bis in den Bauch hinein oder ganz auf die Erde, verabredet ist. Wie wäre es, wenn dein inneres Kind der Seele Signale gäbe, ihr sagte, wie mitfühlend sich in diesem Haushalt um Kinder gekümmert wird oder eben nicht, wie viel Fürsorge herrscht, wie sehr du bereit bist, wirklich auf deine innere Stimme zu hören und zu tun, was dein Herz dir sagt? Denn das brauchst du, wenn du ein Kind großziehen willst, vielleicht bei dem Kind, das zu dir kommen will, noch mehr als bisher.

Du willst vielleicht Mutter sein, aber kannst du es auch? Dein inneres Kind ist das ideale »Testkind«, denn es ist immer da, und seine Anforderungen sind vergleichsweise leicht zu erfüllen. Es hat keinen Körper und muss nicht gewindelt werden. Es lässt dich nachts schlafen, außer es ist wirklich sehr in Not. Es hat aber tiefe Bedürfnisse nach Liebe, nach Schutz, danach, gehört zu werden. Und es schützt DICH. Es sorgt dafür, dass du dir Auszeiten nimmst, deine Kraftquellen nicht nur kennst, sondern sie tatsächlich auch besuchst und aus ihnen trinkst. Das innere Kind hat sehr viele Facetten. Hier, im Zusammenhang mit deinem Wunsch, Mutter zu sein, ist es sinnvoll, es zu fragen, ob es sabotiert, ob es Botschaften hat oder ob es helfen kann und will, eine Seele zur Erde zu geleiten.

Hören wir uns an, was es uns zu sagen hat und was es braucht. Denn egal ob du schon Kinder hast, also eine erprobte Mutter bist, ob du auf keinen Fall Mutter werden willst, ob du verzweifelst, weil du Fehlgeburten erleidest, ob du einfach nicht schwanger wirst – wir brauchen ein glückliches, geborgenes inneres Kind, damit wir frei sind, uns für das zu öffnen, was wir wirklich in unserem Leben haben wollen. Ob es dann kommt oder nicht, ist eine andere Geschichte. Aber wenn wir nicht in der Lage sind, uns wirklich zu öffnen, weil zu viel Altes, Ungesehenes in uns haust, dann kommen die Geschenke des Lebens nicht an. Es ist einfach kein Platz mehr in uns vorhanden.

Schwanger zu sein ist ein so magischer, besonderer Zustand. Dein Energiefeld hat sich weit, weit geöffnet, um eine Seele willkommen zu heißen, sodass du dich sehr ungeschützt fühlen kannst. Wenn nun etwas im Außen passiert, persönlich oder global, sei es ein Unfall, eine Krankheit, sei es der der Tod eines dir nahestehenden Menschen oder etwas anderes, was für dich Bedeutung hat, dann verknüpft dein inneres Kind diese beiden Ereignisse. Womöglich hast du es längst vergessen, oder dir ist vollkommen bewusst, dass deine Schwangerschaft in keinem Zusammenhang mit dem anderen Ereignis steht. Dein inneres Kind aber hat eine Kausalkette gebastelt.

So schauen wir nicht nur, was uns die Seele des Kindes sagen wollte, wie wir es bereits getan haben, sondern auch und erst recht, was unser eigenes inneres Kind braucht.

Ob du an Engel glaubst oder nicht – für dein inneres Kind sind Engel womöglich eine große Hilfe. So öffne dich für die Vorstellung, dass Engel als Energie, als Geistwesen, als Kraft zur Verfügung stehen können.

Dein inneres Kind treffen

Stell dir bitte vor, du gehst durch ein Tor. Das Tor führt dich in ein Kinderzimmer oder in eine Landschaft, an den Ort, am dem dich dein inneres Kind am liebsten treffen möchte. Lass dir und vor allem deinem inneren Kind bitte Zeit, schau dich in aller Ruhe um, und atme ein paar Mal tief durch. Dann, wenn du so weit bist, ruf dein inneres Kind bei dem Namen, den du als Kind geliebt hast. Gab es keinen, dann ruf es bei dem Namen, den du als Kind gern gehabt hättest.

Ruf das Krafttier deines inneren Kindes, und wenn du nicht weißt, wie das geht, dann stell dir das Tier vor, das du als Kind geliebt hast oder gern gehabt hättest. Ruf den Hund, den du nie hattest, das Kaninchen, das gestorben ist, und bitte sie, bei dir zu sein, damit sich dein inneres Kind gut fühlt.

Geh dann ein wenig spazieren, schau dich im Zimmer um – auf einmal bemerkst du ein Kind. Nimm es wahr, wie geht es ihm? Setz dich zu dem Kind, und sag ihm, dass du es wahrnimmst und bei ihm bist. Mag das Kind nicht mit dir reden, dann ruf bitte seinen Schutzengel. Mit ihm kannst du kommunizieren. Bitte vertraue dem, was du wahrnimmst, glaub den Gedanken, die dir in den Sinn kommen, wenn du mit deinem inneren Kind Kontakt aufnimmst.

Werde bereit, ihm zuzuhören, egal ob dir das, was es sagt, gefällt oder nicht. Dein inneres Kind braucht dich als Zeugin, braucht deine Offenheit und Bereitschaft, es anzuerkennen, egal was es will, fühlt und braucht.

Setz dich also zu ihm, und dann frag es, was es denn zu deiner Schwangerschaft sagt, ob es etwas braucht, ob es Angst hat oder ob es sich vernachlässigt fühlt. Es kann sein, dass dein inneres Kind einfach nicht in der Lage ist, einer anderen Seele Raum zu geben, weil es schon so oft Raum geben musste.

Was immer es dir anvertraut, hör ihm zu, und lass es gelten, auch wenn es dir nicht gefällt. Selbst wenn es deiner inneren Mutter, die so gern ein Kind hätte, nicht gefällt, dieses Kind hier ist dein wichtigstes. Sein Wohlbefinden bestimmt darüber, wie frei und glücklich du auch im Außen als Mutter agieren kannst.

So hör ihm zu. Erlaube ihm, dir Bilder zu zeigen, dich an Situationen zu erinnern, die wichtig sind. Frag es ausdrücklich, was es braucht, ob es Wünsche und Bedürfnisse hat. Lass dir seine Not zeigen, und geh dann als die Frau, die du jetzt bist, zu dem Kind in diese Situation hinein und rette es. Es kann sein, dass dein inneres Kind die Versicherung braucht, das Wichtigste zu sein, dass es deine Liebe und Aufmerksamkeit und Fürsorge braucht, um einem anderen Kind

Raum geben zu können. Gib ihm, was es braucht, halte es, und versichere ihm, dass du, egal was geschieht, da sein wirst.

Es kann sein, dass du dein inneres Kind so noch nie wahrgenommen hast, und vielleicht ist seine Bedürftigkeit oder Sorge größer, als du geahnt hast. Hör ihm zu. Dann frag es, ob es dich an einen sicheren Ort begleiten will, einen Ort, an dem es beschützt und geborgen ist, an dem es alles bekommt, was es braucht. Dieser Ort ist in deinem Herzen.

Stell dir vor, du gehst mit deinem inneren Kind einen Weg entlang, der dich direkt in dein Herz führt. Ihr durchschreitet ein Tor, das gut bewacht wird, damit das innere Kind sicher und geschützt ist. Hinter diesem Tor wartet der Engel deines Herzens, der Engel der Liebe, auf dein inneres Kind. Er nimmt dein inneres Kind in seine Arme und gibt ihm mehr Liebe, als es das jemals für möglich gehalten hätte. Vielleicht will sich dieser Anteil des inneren Kindes nun in den Armen des Engels einfach in Licht auflösen. Manchmal ist das genau richtig. Lass das innere Kind mit dem Engel fliegen, spielen, bitte den Engel, es zu nähren. Vielleicht magst du dir vorstellen, dass du dein eigenes inneres Kind an deine Brüste anlegst und es stillst.

Gib ihm, was es sich wünscht – es ist nie zu spät für eine erfüllte Kindheit. Was immer es braucht, welche Kräfte auch immer nötig sind, damit es heil und glücklich wird, erlaube, dass nun genau das Richtige geschieht. Mutter Erde steht zur Verfügung, die Seeleneltern, die du dir einfach vorstellen kannst, sind da, du kannst Krafttiere und Engel rufen.

Es kann sein, dass du erkennst, dass dein inneres Kind nicht in der Lage ist, ein anderes Kind anzuerkennen. Und es kann sein, dass du dich davor verneigen musst. Vielleicht braucht dein inneres Kind zunächst dein uneingeschränktes Ja, deine absolute Hingabe und Liebe nur für sich allein, damit es dann später umso bereitwilliger teilen kann. Es fragt dich zu Recht, ob du bereit bist, zuerst seine Mutter zu sein, bevor du dich anderen Seelen zuwendest, zuerst deine eigene Seele zu hüten, zu nähren, auf Erden zu verwirklichen, bevor du für eine andere Seele da bist.

Bitte führe diese Reise immer wieder durch. Die Beziehung zu deinem inneren Kind braucht, wenn sie stabil und reif werden soll, gemeinsam verbrachte Zeit.

Natürlich garantiert dir eine gesunde Beziehung zu deinem inneren Kind noch lange keine gesunde Schwangerschaft. Aber eine gestörte Beziehung zu ihm ist ein ziemlicher Garant dafür, dass es schwierig werden könnte, eine glückliche, freie und entspannte Mutter zu sein.

Eltern sein – der gemeinsame heilige Raum

Du hast tiefe Loslassprozesse erlebt. In diesem Kapitel möchte ich dir zeigen, wie du dich neu öffnen kannst. Sei es, wenn du das willst, für ein Kind, oder sei es, wenn du nicht Mutter werden willst, für dich selbst und für wesentliche, wichtige Aspekte deiner eigenen Seele. Ich schreibe das Kapitel so, als ginge es immer um eine andere Seele. Bitte nutze, wenn dir das lieber ist, die Meditationen, um Anteile deiner eigenen Kraft und Energie zu dir zu bitten.

Was ist eigentlich mit dem Vater des Kindes? Den Vater habe ich in diesem Buch bisher außen vor gelassen, weil es hier um dich geht, die Frau, und ich nicht weiß, wie innig der Vater überhaupt zur Verfügung steht. Ich will dich nicht verletzen, indem ich wundervolle Paarprozesse beschreibe, die du gar nicht durchlaufen kannst, weil der Vater deinen Schmerz nicht teilt, sich nicht für spirituelle Arbeit interessiert oder dein Leben (aus welchen Gründen auch immer, berechtigt oder nicht), nicht teilt. Du bist sowieso verletzt genug.

Dennoch brauchen wir natürlich einen Vater, damit wir in Frieden kommen können, und deshalb biete ich dir nachfolgend eine Übung an, die du am besten mit jemand anderem, aber auch gut allein durchführen kannst. Führst du sie allein durch, so lass den Platz des Vaters bitte frei. Der Mann, der ihn gern und mit Freuden einnimmt, wird sich zeigen, wenn es richtig ist, aber bitte träum dir keinen Vater herbei, denn das ist ein Übergriff auf den realen Mann, der im Moment, aus welchen Gründen auch immer, nicht zur Verfügung steht. Natürlich kannst du den Vater fragen, ob er erlaubt, dass du ihn in diese Übung einbeziehst, selbst wenn er sie nicht teilen will. Respektier bitte seine Antwort. Es dient weder dir noch der Seele des Kindes, dass du diese Übung durchführst, wenn es kein echtes, von Herzen kommendes Ja vom Vater gibt. Soll er seine eigenen Prozesse machen – du gehst deinen Weg.

Oftmals kommt eine Seele, um euch beide zu fragen, ob es (schon) einen stabilen gemeinsamen Raum gibt, in dem sie sich entwickeln kann. Sie testet sozusagen das Elternfeld.

Doch Vorsicht – es gibt so viele unterschiedliche Elternfelder, wie es Seelen gibt, und es ist auch nur ein Aspekt von sehr vielen anderen.

Die Geistige Welt sagt dazu:

Ein Energiefeld, das von Vater und Mutter gehalten wird, muss auf der Erde nicht als solches erkennbar sein. Es setzt nicht einmal eine liebende Verbindung zwischen Vater und Mutter voraus – und dennoch halten beide dem Kind den Raum, sind bereit, der Seele des Kindes zu geben, was es braucht, egal wie das auf der Erde nach außen hin aussieht. Ein Vater oder eine Mutter kann sehr abwesend sein und dennoch mit der Seele des Kindes in innigem Kontakt stehen. Es kann sein, dass ein Paar ein sehr starkes Feld der Liebe erzeugt und miteinander teilt und sich sehnlich ein Kind wünscht und der Elternraum dennoch zu klein ist, zu eng, das Kind dennoch womöglich nicht genug Platz hat, weil es zu viele Ansprüche erfüllen muss – oder weil gerade die tiefe Liebe der Eltern wenig Raum für anderes lässt. Oftmals gibt es eine andere Aufgabe, einen gemeinsamen Auftrag, der erfüllt werden muss, bevor sich eine Seele, die zur Erde kommen will, einnistet.

Kommt eine Seele nur für ein paar Wochen, dann tut sie das auch deshalb, um einen Entwicklungsprozess in Gang zu setzen, ein Tor zu öffnen, durch das beide Elternteile gemeinsam hindurchgehen können, wenn das so verabredet ist. Möglicherweise öffnet die Seele zwei getrennte Tore, eines für die Mutter, eines für den Vater, und das Leben fließt in verschiedene Richtungen weiter – Tore aber öffnet sie auf jeden Fall.

Die Seele, die zu euch kommt, steht in hoher Verbindung mit eurem eigenen Selenplan. So wird sie immer erst dann kommen, wenn eure höhere Führung ihr Okay gibt. Wenn es noch etwas zu erledigen gibt, wenn etwas verwirklicht werden will, was ihr aber nicht tun würdet, wenn ein Kind zur Welt käme, dann wird die Seele warten, bis ihr euren Weg gegangen seid. Wenn ihr eine Bestimmung habt, die nicht mit dem Kind zusammenhängt, jeder eine eigene oder auch eine gemeinsame, dann werdet ihr euch erst auf den Weg machen müssen, diese Bestimmung(en) zu erfüllen, bevor ihr Eltern werden könnt. Das

Kind, die Seele, die zur Erde kommt, hat nicht das Recht und meistens auch nicht den Wunsch, euren Seelenplan zu durchkreuzen – außer in Notzeiten. Wenn viele Menschen sterben, sei es durch Krankheit oder durch Kriege oder Naturkatastrophen, dann kommen viele Seelen »außerplanmäßig« zur Erde, nehmen es auf sich, unpassend zu kommen, und die Eltern erlauben bewusst oder unbewusst, dass das Kind ihre ursprünglichen Pläne durchkreuzt, damit das Leben weitergegeben werden kann.

Das Elternfeld bezieht sich nicht auf die beiden Elternteile, sondern auf das Kind, auf die Seele; es wird von beiden Eltern gebildet, setzt aber kein gemeinsames Feld voraus. Beide geben ihre jeweilige Kraft, ihre Eigenschaften, ihre Erfahrungen, besonders aber ihr Bewusstsein in das Energiefeld hinein, und ein weiteres Feld entsteht, das aber nicht abhängig von einem gemeinsamen Feld der Liebe zwischen den beiden Elternteilen ist. Es entsteht nicht automatisch ein tragendes Elternfeld, wenn beide sich sehr lieben und eine stabile Beziehungsebene teilen.

Manchmal sind sich Mutter oder Vater nicht einmal der Energie bewusst, die sie oder er dem Kind hält. Die Seele aber spürt ganz genau, welche Erfahrungen, welches Potenzial, welches Bewusstsein, welche Fähigkeiten, welche Formen der Liebe zur Verfügung stehen, und wählt sich die Eltern entsprechend aus. Manchmal geht es gar nicht so sehr um einen Elternteil, sondern um die Ahnenreihe, manchmal gar inkarniert sich eine Seele in eine Ahnenreihe, zu der sie in vergangenen Inkarnationen selbst gehörte. Du kannst dich durchaus als dein Ururuahn inkarnieren! Manchmal kommt eine Seele, um das zu erlösen, was sie selbst vor vielen Inkarnationen verursacht hat. Und manchmal kommt sie, um zu testen, um anzufragen. Das Elternfeld ist auch dann wesentlich, wenn eine Seele nur für ein paar Wochen kommt, denn diese Erfahrung ist auch mit dem Vater abgesprochen. Manche Verabredungen sind so alt oder wurden in solch vollkommen anderen Dimensionen gegeben, dass sie sich dem menschlichen Bewusstsein entziehen. Dennoch wirken sie.

Den heiligen Raum erschaffen

Setzt euch bitte einander gegenüber. Schließt eure Augen. Stellt euch beide vor, ihr sitzt in einer Lichtsäule, einem kraftvollen Lichtstrahl, der von eurem jeweiligen Seelenbewusstsein bis ins Herz der Erde hineinreicht.

Verbindet euch durch euren Atem mit eurem höchsten Seelenbewusstsein, ruft eure geistige Führung und eure geistigen Lehrer.

Nun fragt[1] diese bitte sehr deutlich und ehrlich: »Gibt es eine Aufgabe, einen Auftrag, eventuell eine Bestimmung,

1 Fragt unabhängig voneinander oder gemeinsam, je nachdem, was sich gerade besser und stimmiger anfühlt.

die ich noch nicht erfülle, die ich vermeide, indem ich ein Kind will, eine Aufgabe, vor der ich mich fürchte?«

Ist die Schwangerschaft ungewollt eingetreten, so fragt: »Was sollte ich durch diese Erfahrung sehen, wohin will mich das Leben dadurch führen, wohin zieht mich mein Weg?«

Lasst die jeweilige Antwort in euer Herz hineinrieseln, lasst sie sein wie ein Hauch, eine Ahnung, vielleicht aber auch wie ein Paukenschlag oder ein Lichtblitz.

Schaut, ob ihr bereit seid, euch selbst zu versprechen, diese Aufgaben anzugehen. Wenn ja, dann bittet jetzt um die Kraft, die ihr braucht, um das, was durch euch getan werden will, tun zu können, und versprecht euch gegenseitig, dass ihr es tun werdet, verpflichtet euch sogar, wenn ihr mutig genug seid.

Jetzt, wenn ihr bereit seid, atmet beide tief in euren Schoßraum hinein. Segne als Frau deine Eierstöcke und deine Gebärmutter, als Mann deine Schöpferorgane und die Samenzellen, die darin entstehen. Legt eure Hände darauf.

Wenn ihr wollt, dann segnet auch die Schöpferorgane des anderen – als Frau segne die Samenzellen des Mannes, als Mann segne die Eierstöcke und die Gebärmutter der Frau.

Verbindet euch über das Herz, atmet aus eurem Herzen einen neuen Raum zwischen euch, segnet diesen Raum, und ladet bewusst eine Seele ein, diesen Raum zu nutzen, wenn sie das will. Haltet den gemeinsamen Raum, und dann sprecht laut aus, was ihr aus tiefstem Herzen hineingeben wollt.

Lasst euch Zeit dafür, und stellt euch dann bitte vor, wie aus diesem durch euch beide gebildeten Raum ein Lichtstrahl in den Kosmos, in höhere Dimensionen aufsteigt, wie eine Art Leitstrahl zu euch. Lasst diesen Leitstrahl los. Er wird die Seele, mit der ihr verabredet seid, erreichen, und sie wird zur für sie (und nur für sie) richtigen Zeit kommen.

Lasst bitte jeden Druck und jede Erwartung. Ihr stellt den Raum zur Verfügung, ladet ein. Die Seele wird vollkommen freiwillig entscheiden, wann sie kommt. Verneigt euch voreinander, schaut euch an, oder haltet die Augen geschlossen.

Als Frau sagst du deinem Partner: »Ich nehme dich als Vater meiner Kinder, und ich achte und ehre dich.«

Als Mann sagst du deiner Partnerin: »Ich nehme dich als Mutter meiner Kinder, und ich achte und ehre dich.«

Während ihr das aussprecht, werdet ihr spüren, ob das überhaupt stimmt. Denn bei aller Liebe kann es sein, dass ihr sehr unterschiedliche Vorstellungen darüber habt, was ein Kind braucht, und dann könnt ihr noch kein tragendes, harmonisches Elternfeld zusammen aufbauen.

Vielleicht spürt ihr auch, dass ihr euch tiefer versteht, als ihr das von euch dachtet. Ihr werdet während eurer Verbindung, während ihr das Energiefeld haltet, genau spüren, ob es passt oder nicht.

Haltet es so lange ihr wollt, und erkennt, dass ihr das für euch tut. Euer Ruf, eure Bereitschaft, ist bereits unterwegs in die Sternenheimat eures Kindes und wird es berühren – alles Weitere entscheidet die Seele des Kindes selbst.

Kommt zurück in den Raum, in dem ihr euch befindet – lasst das Feld bitte los, und respektiert den für die Seele richtigen Zeitpunkt, zu euch zu kommen. Wirklich. Lasst es los. Die Seele kommt, wenn es Zeit ist. Vorher nicht.

Schlaft ihr miteinander, so gebt ihr eurer sexuellen Energie einen kurzen Impuls, eine rasche Absicht – dann aber lasst bitte los. Die allerwenigsten Seelen lassen sich mit Termindruck und Kontrolle auf die Erde holen. Ihr könnt eine Seele immer nur einladen und den Raum öffnen.

Dieses Ritual wird euer Zusammensein verändern, denn wenn ihr ein gemeinsames Feld ruft und erschafft, dann beginnt es, unweigerlich Energie anzuziehen. Alles, was diesem Feld noch entgegensteht, was es stören könnte, wird sich zu zeigen beginnen und darf erlöst werden.

Die Macht und das Wunder der Vergebung

Ja, alles ist abgesprochen, und dennoch gibt es eine Ebene, auf der Vergebung und die Bitte um Vergebung Wunder wirken.

Vergebung funktioniert nur dann, wenn der, dem du vergeben willst, ernsthaft bereut. Bittest du selbst um Vergebung, dann lass bitte alle Rechtfertigungen und Erklärungen sein, und erkenne dein Unrecht an. Das hat sich immer wieder in Aufstellungen gezeigt. Wenn der andere, der, dem du vergeben willst, nicht wirklich bereut, dann nutze lieber dieses Werkzeug: Sei bereit, in Frieden zu kommen mit dem, was ist.

Hast du dich entschieden, ein Kind nicht zu bekommen? Wollte der Vater das Kind? Hattest du unterschwellig Angst vor dem Muttersein und glaubst, du hättest das Kind verloren, weil du es nicht wolltest? Was wirfst du dir vor? Nötigst du deinen Partner immer wieder dazu, zu bestimmten Zeiten mit dir zu schlafen, weil du unbedingt ein Kind willst, und vergisst dabei ganz, dass ein Kind kommt, wenn es das selbst will, nicht, wenn du es auf die Erde rufst? Nötigt er dich, und du lässt es zu? Hat sich die Lust verabschiedet, weil ihr, statt euch zu lieben, in Kontrolle und Zwanghaftigkeit verfallen seid? Hast du einen Mann, der nicht ausdrücklich Ja gesagt hat, zum Vater deines Kindes auserkoren, oder hat ein Mann dich verführt und dabei »vergessen« zu verhüten? Hattest du einfach ein bisschen Spaß, ohne an die Folgen zu denken, oder wolltest du einen Mann an dich binden? War er möglicherweise bereits in einer Beziehung und du hast den Hochzeitskorb einer anderen verletzt? Lebst du selbst in einer Beziehung, bist aber von einem anderen schwanger geworden? Ist dein Wunsch, Mutter zu werden, zu einer Besessenheit geworden? Weichst du dadurch einer anderen, im Moment dringlicheren Aufgabe aus, zum Beispiel deiner eigenen Entwicklung? Wo gibst du dem Leben keinen oder zu wenig Raum, auf welche Weise verschließt du dich vielleicht selbst, obwohl du diese Schwangerschaft so gern ausgetragen hättest? Wie sabotiert dein inneres Kind, wo hütet es eifersüchtig seinen Raum? Bist du ungerecht und verbittert anderen gegenüber, wirst du wütend, wenn dir eine Freundin zum Beispiel von ihrer Schwangerschaft erzählt?

Du merkst an meinen Fragen, wie unendlich viele verschiedene Möglichkeiten es gibt, sich schuldig zu fühlen.

Eine Bekannte und Betroffene, die sich sehnlich ein Kind wünschte, schrieb mir:

»Der allerschlimmste Moment war ein Telefonat mit einer Freundin, die eigentlich gerade kein weiteres Kind geplant hatte. Unvermittelt verkündete sie mir ihre Schwangerschaft.

Zu diesem Zeitpunkt hatten wir schon fast ein Jahr ergebnislos auf eine weitere Schwangerschaft gehofft und wussten auch, dass es wieder nicht geklappt hatte (das waren immer die dunkelsten Momente). Ehrlicherweise war ich in diesem Moment nicht fähig, ihre Freude zu teilen, obwohl das natürlich von meiner Seite auch nicht richtig war, aber das war so ausgesprochen erniedrigend und demütigend. Es war der absolut falsche Zeitpunkt für solch eine Nachricht. Es hat ja mit geballter Wucht meine eigene Unfähigkeit mit aller Bitterkeit, allem Schmerz wieder offensichtlich gemacht. Meiner Freundin tat es im Nachhinein sehr leid, aber die seelische Verletzung war nicht mehr zurückzunehmen.

Deshalb weiß ich, dass andere Frauen sich verletzt fühlen könnten, wenn sie von einer Schwangerschaft hören. Und ich habe wirklich vollstes Verständnis dafür!«

Ich antwortete ihr:

»Danke für dein Vertrauen. Ich werde sehen, wie ich darüber schreibe, wie man mit dem eigenen Schmerz umgeht – das kenne ich auch aus anderen Bereichen so gut, zum Beispiel bekam ich jahrelang nur Absagen von Verlagen, und dabei war es mein innigster Wunsch, einen Verlag zu finden. Der Schmerz darüber, dass ich als nicht veröffentlichte Schriftstellerin auf der Buchmesse war, ist vergleichbar, ich kenne ja beides, den Schmerz der Künstlerin, (die ja auch Mutter ist für ihre »Kinder«) und den Schmerz der Mutter, die ihr

Kind nicht hat … Immer wenn du dir etwas zutiefst für deine Erfüllung wünschst und es nicht stattfindet, schmerzt es sehr, andere in der Erfüllung zu sehen – Krebskranke, die sich mit Gesunden auseinandersetzen müssen, Singles, die sich sehnlich einen Partner wünschen, Witwer und Witwen, die sich die traute Zweisamkeit der anderen anschauen müssen – das ist einfach so … Du konfrontierst durch dein Leben sicherlich auch sehr viele mit ihrem Schmerz, weil du etwas hast, was sie sich sehnlich wünschen, zum Beispiel einen Partner, der dich liebt … Wahrscheinlich tust du das, ohne es zu bemerken – das passiert einfach, ohne dass man etwas dafür kann.

Ich hatte in Phasen, in denen ich allein war, überhaupt keine Möglichkeit mehr, Paare zu treffen, weil mich der Schmerz, allein zu sein, so umgehauen und mir meinen Mut zum Leben genommen hat – warum bin ich nicht liebenswert, was ist an mir falsch etc. …

Mike und ich haben Klientinnen, die nicht nur kein Kind haben, sondern auch keinen Mann und schon gar keinen Sex. Sie werden mit ihrem Schmerz bereits dann konfrontiert, wenn sie nur durch die Stadt laufen …

Ich will damit nur sagen: Das, was du erlebst, macht auf seine Weise jeder durch, und wir alle konfrontieren andere durch unser Leben mit dem, was ihnen fehlt. Es liegt an uns, wie wir damit umgehen … Das soll nicht deinen Schmerz schmälern, versteh das nicht falsch, aber wir alle teilen ihn, und dennoch ist er für jeden einzigartig.«

Verstehst du? Es ist dein Schmerz, und du darfst natürlich Anteilname und Mitgefühl erhoffen, aber das Leben fließt für andere anders, und auch du berührst andere durch dein Sein. Eines meiner liebsten, engsten Familienmitglieder wäre einst schon durch deinen bloßen Anblick schmerzlich berührt gewesen, so sehr wünschte sie (damals er) sich, selbst eine Frau zu sein.

In den für mich so unendlich heilsamen 12-Schritte-Gruppen gibt es den besonders schwierigen, aber auch besonders heilsamen vierten Schritt:

Wir machten eine gründliche und furchtlose Inventur in unserem Inneren.

Mach das bitte. Setz dich hin, nimm dir etwas zu schreiben, und schreib alles auf, was du dir vorwirfst. Es ist völlig egal, wie angemessen oder unangemessen das ist, schreib dich frei, und leere so deine inneren Mülleimer aus, ja, auch den, in dem es so grauslich stinkt. Den erst recht und sowieso. Rechtfertige nicht, schreib es einfach auf. Du badest nicht in Schuld, während du das tust, sondern du entrümpelst dich selbst.

Lass dir Zeit dazu, und wisse, du tust das aus Liebe zu dir, nicht, um dich jetzt noch schlechter zu fühlen. Nimm dir etwas zu schreiben, und schau ganz genau, was das Thema für Schaden angerichtet hat, wo du dir selbst, aber auch anderen möglicherweise Unrecht zugefügt hast. Du schreibst auf, auf welche Weise du unter diesem Thema leidest und was es mit dir macht – aber auch, was du dadurch bei anderen auslöst oder verursachst.

Und natürlich wissen wir, dass jeder für seine Reaktionen selbst verantwortlich ist. Du bist dafür verantwortlich, was du tust. Nicht dafür, wie der andere damit umgeht. Aber wenn du eine Ursache setzt, dann übernimm bitte DAFÜR die Verantwortung, damit du wirklich frei wirst. Du bekommst deine Würde blank poliert und mit Herzchen versehen zurück, wenn du offen und frei eingestehst, was du verursachst.

Es kann sein, dass sich deine Inventur ausweitet und du auf einmal anfängst, eine Lebensinventur zu machen – umso besser. Nimm dir Zeit, Tage, Wochen. Vielleicht erkennst du, dass du nicht nur diese eine Schublade aufräumst, sondern auf einmal dein ganzes Leben neu sortierst. Das ist, als würdest du all die Teppiche hochheben, unter die du in den letzten Jahren den einen oder anderen Krümel oder auch Felsbrocken gekehrt hast, als würdest du die Leichen im Keller ausgraben und sie nach einer Zeit der Trauer angemessen beerdigen. Womöglich entdeckst du bei dieser Inventur Seelenschätze, Kräfte, vielleicht auch Themen, die endlich angeschaut werden wollen.

DAS ist das Stroh-zu-Gold-Spinnen, du durchlichtest die Themen, die schwierig sind, schaust sie an, gibst ihnen Aufmerksamkeit und erlaubst ihnen, dein Bewusstsein zu berühren.

Gib dir Raum, wirklich in die Tiefe zu gehen, genau dahin, wo die Scham sitzt und wo du dir selbst nicht gern in die Augen schaust.

Sei sicher, du reinigst dich damit tiefer, als du dir das im Moment vielleicht noch vorstellen kannst. Damit ermöglichst du dem Leben, weiterzufließen, und, wer weiß, vielleicht ist das genau die Botschaft der Seele, die bei dir war und es als Lichtkind womöglich immer noch ist.

Nun geht es weiter im Programm. Fünfter Schritt:

Wir gaben vor uns selbst, vor Gott und vor einer dritten Person die genaue Art unserer Fehlhaltungen zu.

Du bist du, »Gott« bezeichnet die Kraft, der du vertraust, deine Selbstheilungskräfte, vielleicht auch das Leben selbst, und die »dritte Person« ist die Seele deines Kindes. So nimm dir Zeit, nachdem du alles aufgeschrieben hast, geh in die Natur, und lies dir selbst, deiner wie auch immer gearteten höheren göttlichen Macht und der Seele des Kindes diesen Brief, diese Inventur vor. Wenn es möglich ist, dann darfst du natürlich auch den Vater einbeziehen, umso besser.

Zeig dich mit dem, was ist, gerade weil du dich dafür schämst. Lass den Schmerz raus, den Schmerz des Versagens, der Kontrolle, alles, was endlich ausgesprochen und geteilt werden will.

Wenn du einen dir besonders vertrauten Menschen in deiner Umgebung hast, dann ist es äußerst heilsam, diesen Menschen einzubeziehen – das kann auch ein Pfarrer sein, wenn du ihm vertraust.

Wenn du erwachsene Kinder haben solltest: Sie sind es unter keinen Umständen. Wirklich unter keinen Umständen. Kinder sind Kinder und niemals Vertraute für deinen eigenen Schmerz, außer in ganz, ganz besonderen Ausnahmefällen und auch nur dann, wenn sie dir von sich aus ausdrücklich die Erlaubnis geben. Missbrauche deine Kinder nicht als Vertraute, sonst kannst du gleich den nächsten vierten Schritt schreiben.

Die Seele deines Kindes dagegen verkraftet das selbstverständlich, solange sie nicht inkarniert ist – weil sie eben noch kein Kind ist. Zum Kind im menschlichen Sinne wirst du erst, wenn du als Mensch zur Erde kommst, weil dein menschliches System noch nicht ausgereift ist, weder auf körperlicher noch auf emotionaler oder mentaler Ebene. Die Seele selbst aber ist alles andere als kindlich. Sie hat einen sehr unschuldigen, mitfühlenden Aspekt, den man als seelisches inneres Kind bezeichnen könnte, aber dieser Aspekt ist weder unreif noch muss er erwachsen werden.

Im sechsten und im siebten Schritt der 12-Schritte-Gruppen bitten die Betroffenen um Heilung – du erinnerst dich, es ist ein Selbsthilfeprogramm für Süchtige. Das brauchst du hier vielleicht nicht zu tun (tu es dennoch, wenn es dir dient, zum Beispiel, wenn du geradezu besessen bist von dem Wunsch, Mutter zu werden, und darunter leidest), aber der achte Schritt kann dir sehr hilfreich sein:

Wir machten eine Liste aller Personen, denen wir Schaden zugefügt hatten, und wurden bereit, ihn bei allen wiedergutzumachen.

Nimm deine Inventur, und schreib eine Liste. Wahrscheinlich ist sie ziemlich kurz und du selbst gehörst an die oberste Stelle. Schreib hinter die Namen, auf welche Weise du den Schaden, den du angerichtet haben magst, wiedergutmachen kannst.

Leidest du sehr unter einer Abtreibung, kannst dir nicht vergeben, hast deiner Meinung nach einen Fehler gemacht oder das Gefühl, durch dein Verhalten eine Fehlgeburt verursacht zu haben, dann such dir bitte professionelle Hilfe. Es gibt das sogenannte Post-Abortion-Syndrom, eine Variante der von der Medizin anerkannten Posttraumatischen Belastungsstörung, die dich emotional sehr beeinträchtigen und zu Kopfschmerzen, Schlafstörungen, Depressionen und weiteren Erkrankungen führen kann. Zum Wiedergutmachen gehört ganz sicher auch, dass du dir Hilfe suchst, wenn du dir selbst nicht helfen kannst.

Auf deine Liste gehört vielleicht auch das Leben selbst, deine Sexualität, dein Wohlbefinden, die Demut und Achtung vor der Entscheidung anderer – zum Beispiel die Achtung vor der Entscheidung dieser Seele, eben nicht geboren zu werden … Auch der Vater gehört möglicherweise auf diese Liste, wenn du gegen seinen Willen Nein (oder Ja!) zu dem Kind gesagt hat. Egal wie abgesprochen all diese Entscheidungen auch sein mögen, es gibt verschiedene Ebenen, und hier auf dieser ist die Bitte um Vergebung der Schlüssel zur Heilung.

Bitte auch diejenigen, die unter deinem Schmerz oder gar unter deiner Besessenheit leiden, um Vergebung, besonders dich selbst. Auch wenn dir durch andere Unrecht geschehen ist, schau, ob du einen Anteil daran hast. Für diesen Anteil übernimm die Verantwortung, damit du wieder frei wirst.

Die Bitte um Vergebung kann Wunder wirken, wenn du sie ernst meinst, auch die Bitte, die du dir selbst entgegenbringst.

Schritt Neun:

Wir machten bei diesen Menschen alles wieder gut, wo immer es möglich war – es sei denn, wir hätten dadurch sie oder andere verletzt.

Du verstehst, dass du, wenn du von einem Mann schwanger warst, der in einer Beziehung lebt, nicht zu der Frau hinläufst und ihr von deiner Fehlgeburt oder Abtreibung erzählst. Das ist Sache des Mannes, nicht deine Angelegenheit. Es ist seine Beziehung und damit sein Raum, für den er verantwortlich ist.

Willst du es wiedergutmachen – schließlich hast du in den Hochzeitskorb einer anderen gegriffen, egal was der Mann selbst dazu sagte –, dann bitte die große Göttin um Vergebung, und gesteh dir ein, dass dir »die andere« in dem Fall völlig egal war. Bitte dich selbst um Vergebung dafür, dass du das Weibliche in ihr und damit auch in dir selbst nicht geachtet und die kollektive weibliche Kraft verletzt hast.

Bist du außerhalb deiner eigenen Beziehung schwanger geworden – puh, darauf gibt es keine allgemeingültige Antwort. Komm bitte so innig wie möglich in Kontakt mit deiner eigenen Führung, und frag sie, was nun zu tun ist. Am besten rufst du auch gleich die Führung des Mannes – und such dir Hilfe. Eine systemische Aufstellung kann Wunder wirken, dazu brauchst du weder den Vater des Kindes noch deinen Partner, sondern du kannst es zunächst für dich allein klären. Mikes und meine Erfahrung ist die, dass Wahrhaftigkeit immer dann Sinn ergibt, wenn dadurch für beide ein Prozess in Gang gesetzt wird, ein Prozess, der für beide wichtig ist. Manchmal gab es auch nur etwas mit einer Seele zu erlösen, manchmal ist es genug, den Klärungsprozess für sich allein durchzuführen. Wirklich, ich scheitere hier an einer Antwort. BITTE such dir Hilfe, sei nicht zu schnell mit deinem Geständnis, aber sei auch nicht feige.

Hast du das Gefühl, du musst etwas an der Seele wiedergutmachen, die nicht durch dich zur Erde kommen konnte, dann bitte sie um Vergebung. Lade sie ein, wenn das für dich gut ist, zu einem anderen Zeitpunkt zu kommen.

Wenn du wirklich Schuldgefühle hast, weil du diesem Kind das Leben nicht ermöglichen konntest, dann such dir ein anderes, für das du sorgen kannst. Das mag ein wenig lieblos klingen, doch so ist es natürlich nicht gemeint. Aber es gibt weiß Gott genug Kinder auf dieser Erde, die dringend jemanden brauchen, dem sie etwas bedeuten. Such dir eine Organisation deines Vertrauens und hilf Kindern, für die niemand sorgt. Spende. Fahr hin und hilf. Werde SOS-Kinderdorf-Mutter. Tu, was du tun musst, damit du dich gut fühlst und dir selbst vergeben kannst. Gib dem Leben, was du ihm deinem Gefühl nach schuldig bist.

Willst du unbedingt Mutter sein, bekommst aber kein eigenes Kind, dann frag bitte das Leben selbst, auf welche Weise du als Mutter zur Verfügung stehen kannst, wo du gebraucht wirst. Wenn du diesen dringenden Kinderwunsch hast, dann hast du auch den Auftrag, eine Mutter zu sein – lass dich bitte dahin führen, wo du als Mutter gebraucht wirst, und öffne dein Weltbild. Das Leben ist vielfältig, und manche Wege sind völlig anders, als wir uns das vorstellen können – anders, aber mindestens genauso befriedigend und erfüllend wie unser eigener Plan.

Natürlich wäre es wunderbar, wenn du ein eigenes Kind bekämst. Aber, liebste Freundin, wir sind Mütter, und wir stehen damit im Dienst des Lebens. Eine Mutter ist eine Mutter, sie fragt nicht lange danach, wer das Kind, das sie als Mutter braucht, geboren hat. Wenn ein Kind uns braucht, dann werden wir ganz automatisch Mütter.

Du BIST eine Mutter, denn irgendwo auf der Erde gibt es ein Kind, das deine Liebe und Wärme braucht, sonst würdest du sie nicht in dir tragen. Damit meine ich nicht unbedingt eine Adoption, obwohl auch das eine Lösung sein kann, sondern eine echte Offenheit dafür, nach dem Dienst zu schauen, der durch dich getan werden will – nach dem Dienst an einem Kind, aber auch an dir selbst, an deiner Familie. Wohin wollen deine Liebe und deine Fürsorge fließen, wo werden sie im Moment wirklich benötigt?

Das Universum verschwendet nichts und nutzt alles, was ihm zur Verfügung steht. Erlaube dem Universum, dich dahin zu führen, wo deine Energie gerade jetzt, in diesem Moment noch fehlt. Welcher Dienst auch immer es sein mag, Hilfe in einem Kinderheim, Hilfe als SOS-Kinderdorf-Mutter, eine Spende für Kinder in Notgebieten – lass dich bitte führen, dahin, wo du gerade gebraucht wirst.

Vielleicht ist das deine Möglichkeit, wiedergutzumachen, was du eventuell dir selbst zugemutet hast? Mit Scham und Schuld lässt es sich nur schwierig weiterleben, egal wie berechtigt und angemessen diese Gefühle sind oder auch nicht sind. Also, mach es wieder gut, bei dir selbst, beim Leben, bei einer anderen Seele, dann wirst du frei. Bitte verzeih mir, wenn ich dich damit verärgere oder verletze, lass es mich bitte dennoch schreiben. Wenn dir das nicht dient, streich es durch oder reiß die Seite raus – für eine andere Frau ist es vielleicht eine Antwort …

Es ist eine hohe Kunst, wiedergutzumachen, ohne neuen Schaden zu verursachen – aber Prozesse in Gang zu bringen, die der Liebe und der Heilung dienen, fallen nicht unter »neuen Schaden verursachen«. Doch wo ist die Grenze, wie unterscheidest du das?

Noch einmal – such dir Hilfe, wenn sich die Dinge für dich nicht klar darstellen.

Verneige dich vor denen, denen du Schaden zugefügt hast, besonders vor dir selbst, und bitte sie um Vergebung, auch dich selbst – und dann vergib und lass los. Es darf gut sein. Du hast es angesehen, du hast bereut, du wirst es von nun an anders machen. Komm in Frieden.

So sei es.

Und nun:

nur für Frauen, die abgetrieben haben

Überblättere die Seiten bitte vor zum Nachwort auf Seite 204, wenn du dich nicht angesprochen fühlst. Du sollst nicht verletzt oder verärgert werden.

Die dunkle Seite des Mondes

Komm herein, mutige Kriegerin, und mach die Tür hinter dir zu, ja, schließ bitte ab. Hängt das Schild »Zutritt nur für Eingeweihte« noch vor der Tür? Gut so. Setz dich, und sei willkommen.

Wir haben bereits eine Menge über Seelen und verletzte Mütter und Frieden geredet. Und dann gibt es noch uns. Bei uns herrscht kein Frieden. Der Weg, den wir gehen, ist dornig, einsam und kalt. Wir dürfen nicht mit Verständnis und Mitgefühl rechnen, wir gehen unseren Weg so, wie er ist, einfach deshalb, weil wir ihn gehen müssen.

Wirst du dir jemals vergeben können, dass du dein Kind abgetrieben hast, ohne dass du in einer Notlage warst, nur weil du nicht Mutter werden wolltest? Wirst du jemals Verständnis ernten dafür, dass du dich gegen dein Kind und für dich selbst entschieden hast? Kann eine Frau, die es nicht erlebt hat, wissen, wie es ist, wenn du das Gefühl hast, in deinem Bauch wächst kein Kind, sondern ein Krebsgeschwür – und es wird dich umbringen, wenn du nicht handelst?

Hier geht es nicht um die Frauen, die Opfer geworden sind und deshalb entscheiden, ihr Kind nicht auszutragen – Opfer von Vergewaltigungen, Opfer einer Krankheit des Kindes. Nein. Hier geht es um die Frauen, die sich entschieden haben, das Leben, das in ihnen wuchs, zu beenden, ihm keinen Raum zu geben, aus Gründen, die für eine Frau, die sich sehnlich ein Kind wünscht, schlichtweg egoistisch und kaltherzig sind.

Vielleicht stimmt es. Hier geht es um Täterinnen. Die Gefahr, verurteilt zu werden, ist groß, und du gehst ein Risiko ein, wenn du dich zeigst. Wahrscheinlich wurdest du längst verurteilt, nämlich durch dich selbst. Danke, dass du dennoch gekommen bist. Sei willkommen in diesem Kreis, und nimm bitte mein volles Mitgefühl an.

Hier ist meine Geschichte, damit du weißt, dass ich weiß, wovon ich rede. Ich bin nicht stolz darauf, aber so ist sie nun einmal.

Es war 1991, meine Beziehung lag nach acht Jahren in den letzten Zügen. Er war bereits ausgezogen, ich hatte begonnen, meinen spirituellen Weg zu gehen, machte eine Therapie und hatte die Pille abgesetzt. Es kam mir verrückt vor, Geld für eine Therapie auszugeben, damit ich mich selbst besser spüren konnte, und gleichzeitig jeden Tag eine Tablette zu nehmen, die mir meinen natürlichen Zyklus nahm. Ich wollte mit mir selbst in Kontakt kommen, mit meinen Gefühlen, meinem innerem Kind, einfach mit mir selbst.

Sex hatten wir schon lange keinen mehr. Mein Freund wollte nicht selbst verhüten, und wenn ich die Pille nicht nahm, dann schlief er eben nicht mit mir – ich sagte ja, die Beziehung lag in den letzten Zügen. Dann kam sein Geburtstag, und es gab dieses eine Mal, ich weiß nicht mehr, wie es dazu gekommen war – ich weiß aber noch, dass ich währenddessen panisch rechnete und mich sicher fühlte, denn meine Tage waren gerade vorbei. Vielleicht hätte ich in Biologie besser aufpassen sollen.

Kurz vor Silvester fragte ich mich, wann meine Tage endlich kämen – mein Zyklus war sehr regelmäßig, und es war Zeit. Ich weiß noch genau, dass ich in der Adventszeit mit meinen Eltern darüber gesprochen hatte, dass ich zum damaligen Zeitpunkt auf keinen Fall ein Kind haben wollte. Ich war 26 Jahre alt, meine Beziehung zerbrach gerade, und ich begann, mit mir selbst einen neuen Weg zu gehen – klar und deutlich sagte ich Nein zu einem Kind.

Am 27. 12. ließ ich mein Blut untersuchen – eine meiner Schwestern arbeitete in einem Labor. Ich verbrachte die Stunden des Wartens zu Hause mit einem ewig langen Stephen-King-Thriller. Während ich auf das Ergebnis wartete, rief mich eine Freundin an. Ich erzählte ihr aufgelöst, was ich gerade erlebte, und sie sagte trocken und ziemlich kaltschnäuzig: »Also Susie, du wirst doch dieses Kind nicht bekommen! Wenn du Hilfe brauchst, dann melde dich bei mir.«

Ich legte schockiert und wie wachgerüttelt auf. Ich hatte eine Wahl, erkannte ich. Niemals hätte ich mir bis dahin erlaubt, auch nur darüber nachzudenken, dieses Kind, wenn ich denn schwanger war, nicht zu bekommen. Ich wusste, meine Eltern würden mich dafür auf das Schärfste verurteilen, und mir erschien eine Abtreibung wie eine Flucht, als würde ich die Verantwortung nicht tragen wollen. Kneifen galt einfach nicht, ich hatte bis dahin noch jede Herausforderung angenommen. Und nun das. Zwei meiner Schwestern (ich habe eine ganze Menge) versuchten gerade ziemlich dringend, schwanger zu werden, und ich kam mir vor wie eine Aussätzige.

Ich hatte ein paar Tage zuvor einen Bericht über Frauen nach Abtreibungen gesehen; sie hatten Schuldgefühle und litten darunter, einige aber sagten, sie würden es genauso wieder tun. Sehr hochmütig hatte ich gedacht, dass ich niemals in eine solche Situation geraten, geschweige denn diese Schritte gehen würde.

Oh, lehrte mich das Leben Demut. Denn klar war ich schwanger, mein Beta-HCG-Wert war so hoch, wie er nur hatte sein konnte. Der Vater wartete mit mir auf das Ergebnis, und als klar war, dass wir ein Kind bekamen, machte er mir einen Heiratsantrag. (»Na ja, dann lass uns eben heiraten«, sagte er.) Meine Kehle zog sich zu, ich konnte nicht mehr atmen. Er wollte sofort zu seinen Eltern fahren, um ihnen das freudige Ereignis mitzuteilen, doch ich konnte nicht, brauchte Zeit, hatte das Gefühl, ich würde ersticken und mein Leben bräche zusammen. Er wollte das Kind. Mich wollte er nicht mehr, das spürte ich, doch er wollte es durchziehen, Kind, Ehe, alles, was dazugehörte.

Das ehrte ihn. Aber – um Himmels Willen. Das erinnerte mich sehr an die Ehe meiner Eltern, sie kam durch mich zustande und hielt genau fünf Jahre.

Ich legte mich aufs Bett und sagte folgende Sätze: »Ich liebe dieses Kind, und ich werde alles tun, um es zu nähren, zu hüten und zu beschützen, ich werde es bekommen und für es sorgen.« Ich konnte es kaum aussprechen, mir blieb die Luft weg, vielleicht spürst du es beim Lesen. Dann sagte ich: »Ich kann dieses Kind nicht bekommen, ich entscheide mich dazu, es nicht auszutragen, und ich werde für die Folgen aufkommen.« Auch das war schlimm, eiskalt, klar und nüchtern, aber ich konnte atmen.

Ich fuhr mit meiner Freundin nach Straßburg. In Frankreich war Abtreibung legal, allerdings musste man mindestens drei Monate dort gewohnt haben. Ein Arzt untersuchte mich, ich hatte ein paar Tage später einen Folgetermin und stellte fest: Ich müsste lügen, sagen, ich wohnte in Frankreich, wenn ich eine Abtreibung in Straßburg durchführen lassen wollte. Ich hatte Angst, dass es auffliegen und etwas Schlimmes passieren könnte. Was, das weiß ich nicht. Das Schlimmste wäre gewesen, das Kind zu bekommen. Völlig verunsichert fuhr ich nach Hause. Es musste eine andere Lösung geben!

Einen Tag später las ich einen Artikel über »pro familia« und das, was zu tun war, wenn man eine Schwangerschaft abbrechen wollte. Es waren aber noch Ferien, und »pro familia« war geschlossen. Ich drehte fast durch vor Angst, so sehr fühlte ich mich im Zeitdruck. Ich entschied dennoch, das Ganze legal in dem Land, in dem ich lebte, anzugehen. (Ich weiß gar nicht, wie ich überhaupt darauf gekommen war, das nicht zu tun, ich war einfach aufgelöst vor Angst, das Kind bekommen zu müssen.)

Ich vereinbarte einen Termin, hatte panische Angst, diese Beratungsbescheinigung nicht zu erhalten. Eine Freundin, die die gleichen Erfahrungen gemacht hatte und das Vorgehen bei »pro familia« kannte, sprach mir Mut zu – und tatsächlich, die Mitarbeiterinnen waren wundervoll, verstanden mich, urteilten nicht, sondern zeigten mir Wege auf, mit Kind und ohne Mann klarzukommen. Doch sie sahen auch, dass es nicht um Geld ging, sondern dass ich bei der Idee, Mutter zu werden, schier durchdrehte.

Wieder bekam ich einen Panikanfall, konnte nicht atmen, hatte das Gefühl zu ersticken. Ich erhielt meinen Abtreibungstermin, hatte jeden Tag, an dem ich noch schwanger war, Angst, dass ich das Kind würde behalten müssen, dass ich den Termin verpassen würde. Ich machte eine Rückführung in das Leben, in dem diese Panik entstanden war, und erlebte, dass ich häufig durch eine Schwangerschaft all das, was ich selbst für mein Leben wollte, aufgegeben hatte. Ich fragte mich, ob ich diesmal lernen sollte, es trotz Kind zu schaffen, meinen eigenen Weg zu gehen, doch ich spürte immer wieder: Ich musste mich für mich selbst und gegen das Kind entscheiden, alles andere würde nicht funktionieren.

Der Termin kam. Ich wollte mich nicht betäuben lassen, ich war es meinem Kind schuldig, jeden Schmerz zu spüren und bei vollem Bewusstsein mitzuerleben, wie es aus mir herausgeschabt wurde. (Nein, ich bin natürlich keine Märtyrerin, ich bekam eine Lokalanästhesie, aber ich wollte auf keinen Fall eine Vollnarkose.) Ich verneigte mich tausendmal vor dem Vater des Kindes, bat ihn um Vergebung, doch mir war klar, dass ich das nie würde wiedergutmachen können. Es war meine Wahl, ich würde ihm das Kind nehmen. Ich weiß nicht, wie dramatisch diese Entscheidung für ihn war, er redete nie über seine Gefühle, aber mir war und ist sehr bewusst, was ich ihm zumutete.

Ich kommunizierte jeden Tag mit der Seele, fragte sie, ob sie geboren werden wollte, und ich hörte ein Nein. Sie war nur gekommen, damit ich Entscheidungen für mein Leben zu treffen beginnen und die Verantwortung für meinen Weg bewusst übernehmen würde.

Als ich auf der Liege lag, weinte ich so sehr, dass der Arzt fragte, ob er mich wirklich ausschaben sollte, doch ich hatte nur furchtbare Angst vor dem emotionalen Schmerz, den ich vielleicht fühlen würde. Ich wusste nicht, wie ich während der Ausschabung damit umgehen sollte, was gerade geschah. Ich tötete mein Kind. Das war mir sehr bewusst, und dennoch fühlte ich keine andere Wahl.

Als es vorbei war, war ich zutiefst erleichtert, und egal wie das klingt, ich hatte das Gefühl, ich sei wieder ich selbst und mein Leben könnte weitergehen. Ich suchte mir eine Therapeutin, von der ich wusste, dass sie mit Seelen arbeitete, und vereinbarte ein Clearing, damit auch die Seele meines Kindes den Weg zurück nach Hause finden würde. Die Therapeutin wurde zu einer meiner wichtigsten Begleiterinnen, und ich widme ihr dieses Buch. Ich bat die Seele, wieder zu mir zu kommen, wenn sie das wollte, wenn die Zeit auch für mich reif war. Es gab ein inniges Abschiedsritual. Ein Jahr später, am Tag der Empfängnis, zündete ich mit meinem neuen Partner eine Kerze für die Seele an, und wir schickten sie noch einmal zurück ins Licht und nach Hause.

Heute, zwanzig Jahre später, fühlt es sich immer noch richtig an. Kalt und glasklar abgegrenzt, aber richtig.

Und hier treffen wir Kali und Lilith in all ihrer Dunkelheit und Kompromisslosigkeit. Wie kann es sich richtig anfühlen, eine solche Entscheidung zu treffen, wie kann das Töten eines anderen im Schöpferplan vorhanden sein und sich stimmig anfühlen? Reden wir uns nicht heraus. Ob ein wenige Wochen alter Fötus schon ein Kind ist oder nicht, ob die Seele bereits inkarniert ist oder nicht, ist für mich völlig egal. Das beantwortet sich sowieso jeder so, wie er es fühlt und wie es für ihn passt. Verlierst du ein erwünschtes, ersehntes Kind in der neunten Woche durch eine Fehlgeburt, dann hast du das Gefühl, dass ein vollkommen ausgebildetes Kind geht. Dieses gleiche Kind kann nicht, nur weil wir abtreiben wollen, lediglich ein Zellhaufen sein.

ICH habe entschieden, dass diese Seele diesen Körper nicht bekommt. Damit muss ich leben, und das ist meine Initiation in Kali, in Lilith, in die Mutter, die Leben nimmt, um an anderer Stelle Leben zu ermöglichen. Die Wucht dieser Verantwortung, die Wucht dieser Entscheidung hat mich damals sprachlos gemacht und tut es auch heute. Ich brauche fünf Tage, um diesen Text zu schreiben, und bin immer wieder total erschöpft. Niemals bin ich dermaßen mit der Dualität in Kontakt gekommen, mit der Endgültigkeit von Tod. Das Leben hat mir sich selbst in die Hand gelegt, nie habe ich das deutlicher gespürt. Die Verantwortung für meine Entscheidung zu tragen, nicht mit Schuldgefühlen, sondern mit Würde und tiefer Anerkennung und Verneigung vor dieser Last, hat mich sehr verändert und mich tiefsten Respekt vor dem Leben gelehrt.

Es ist kein Spiel, egal was Mystiker sagen. Wenn du dir ein Leben aus dem Bauch herausschaben lässt, ist es kein Spiel mehr, und ob das alles nur Illusion ist oder nicht, spielt keine Rolle. Es ist Leben auf der Erde, und diese Endgültigkeit gehört dazu. Kali und Lilith wissen das, deshalb brauchen wir sie hier. Sie sind nicht weichgespült, und sie kommen nicht mit Blumen, sondern mit Knochen im Haar daher. Sie wissen um die Rhythmen von Leben und Tod und tragen ihre Verantwortung auch und gerade vor sich selbst, egal ob sie dafür verurteilt werden oder nicht. Lilith lehrt uns, die Endgültigkeit von Entscheidungen anzuerkennen, sie lehrt uns Dualität, die Kehrseite der Medaille des Lebens. Kali lehrt uns, dass der Tod und unser Umgang damit zum Leben gehören und dass er ein Werkzeug des Lebens ist. Wir brauchen nicht darüber zu verhandeln, ob wir schuldig geworden sind oder nicht, weil es keine Rolle spielt. Du darfst dich bis auf den Boden vor der Seele verneigen, die du gehen ließest, und sie um Vergebung bitten, wenn dir das stimmig erscheint. Gleichzeitig aber darfst du anerkennen, dass du eine Initiation erlebst, du erfährst deine weibliche Macht über Leben und Tod. Männer haben diese Macht nicht. Sie können Tod bringen, aber kein Leben, ihnen fehlt dieser Schoßraum. Sie können das Feuer zur Verfügung stellen, ohne sie geht es nicht. Aber sie hüten das Leben nicht in ihrem Bauch, sie gebären es nicht, spüren es nicht wachsen.

Wir tragen beides in uns, wir können Leben gebären und Leben nehmen. Das in aller Konsequenz zu erfahren und die Verantwortung dafür zu tragen, auch die Kälte auszuhalten und als Teil deiner Wahrheit anzunehmen, öffnet uns für ein ganz neues Bewusstsein. Auch die eventuelle Entscheidung, dieses Leben nicht zu gebären, war eine Erfahrung, die zu unserem Frausein gehört, einfach weil auch das möglich ist. Wir haben dadurch ein ganz besonderes Bewusstsein ausgebildet. Der Preis ist, dass wir an dieser Stelle keine Liebe spüren, sondern eine messerscharfe Grenze zwischen uns und den anderen. Doch genau darum ging es. Kali setzt Grenzen, auch mit Blut, auch mit Tod. Sie dient damit dem Leben auf der Erde.

Ich möchte dich einladen, Kali und Lilith zu begegnen, damit sie dir Frieden und Trost schenken – auf ihre Weise. Am sinnvollsten ist es, wenn du diese Meditation tanzt. Weil das hier aber ein Buch ist, kann ich sie dir nur durch Worte vermitteln. Diese Meditation sollte wild sein, du solltest schreien, toben, laute Musik hören und deine äußerst kraftvolle dunkle Mutter kennenlernen, die Seite in dir, die mutig genug ist, die Verantwortung auch für den Tod zu tragen. Es ist eine schwere Last, doch Kali und Lilith sind stark.

Der Tanz mit dem Tod

Leg noch einmal Musik auf, die dich in deine Tiefen bringt. Lass sie kraftvoll sein. Natürlich ist jede Musik angemessen, die dich mit dir selbst in Kontakt bringt, dieser Tanz kann auch sehr sanft und innig sein – so, wie es deiner Energie entspricht.

Tanze noch einmal Kalis oder Liliths Tanz, schenk dem Leben deine Tränen, dein Schreien, dein Blut, dein Nein und damit dein innigstes Ja.

Tanze mit der Seele, die du gehen ließest, tanze deine Ohnmacht, den Schmerz, die Unfassbarkeit dieses irdischen Lebens. Es IST unfassbar, jede Kontrolle ist letztlich Illusion, das Leben selbst ist so aufwühlend, leidenschaftlich, dramatisch und kraftvoll, dass du gut daran tust, dich ihm hinzugeben.

Du bist eine Frau, und hier, am tiefsten Punkt deines Mutterseins, öffnet sich ein Tor. Tanze durch dieses Tor hindurch, tanze in deine Verantwortung für das Leben, indem du deine Entscheidung in Würde auf dich nimmst. Trag sie. Sie macht dich zu der Frau, als die dich die große Göttin geträumt hat.

Du weißt einfach Bescheid, wenn du diese Erfahrung durchlebt hast. Du lässt dich nicht mehr von Heilsversprechungen nach dem Motto »Wenn du nur richtig denkst, dann passiert das nicht« einlullen, weil es nicht stimmt. Kali und Lilith lachen nur darüber und zeigen den Herren der Schöpfung (damit ist die männliche Energie gemeint, die sich über das Tun definiert), wer auf der Erde das Sagen hat. Nicht die Frauen. Nicht die Männer. Sondern das Leben.

Du bist ein Mensch, ein Teil des Lebens auf der Erde, ein Teil dieses unendlich machtvollen Tanzes mit der Schöpferkraft selbst. Es ist deine Aufgabe, Hüterin dieser Kraft zu sein. Das Leben ist nicht Teil von dir, sondern du bist, wenn du auf der Erde bist, ein Teil des Lebens. Du stehst im Dienst.

Diese Schöpferkraft ist so viel machtvoller, als uns das, wenn wir unseren Alltag leben, bewusst sein mag. Du hast einen Blick hinter die Kulissen geworfen, und du weißt jetzt, wie zwingend, wie fordernd, wie wuchtig die irdische Lebenskraft ist.

Und du hast durch deine Entscheidung den Tod gerufen, bist einen Pakt mit ihm eingegangen, hast seine Energie in Anspruch genommen. Es kann sein, dass dich der Schock über diese Macht erstarren ließ. Tanze den Tod in all seiner Kompromisslosigkeit. Tanze ihn, damit du das Leben wieder oder überhaupt zum ersten Mal nehmen kannst. Tanze dir die Kontrolle aus dem Körper, mit der du vielleicht angenommen hast, du könntest das Leben zwingen, in jeder Hinsicht.

Verneige dich vor Mutter Erde, und entscheide dich neu, hier zu sein, ganz und gar, mit Haut und Haaren, das Leben zu nehmen, wie es eben ist.

Komm dann zur Ruhe, und spür nach. Stell dich bewusst in eine Lichtsäule, indem du dir wie bei einer Familienaufstellung einen Platz herbeirufst. Ruf die Lichtsäule auf die Erde. Dann mach einen bewussten, physischen Schritt hinein, und bitte darum, dass alles, was sich jetzt durch diesen Tanz gelöst hat, in dieser Lichtsäule nach oben oder in die Erde hineinströmt, je nachdem, wohin die jeweiligen Energien gehören.

Bitte Mutter Erde, dich zu halten und dich zu nähren. Setz dich oder leg dich hin, nimm dich selbst in den Arm, und vergib dir endlich. Es darf gut sein.

Nachwort

Wie tief greifend darf und muss ein solches Buch sein? Als mein Verleger mit der Bitte um dieses Buch an mich herangetreten war, war es besonders eine Mitarbeiterin, die mich inspirierte. Sie schrieb mir:

»Letztendlich findet vermutlich jede Frau einen Weg, mit all ihrem Gefühlschaos zurechtzukommen. Aber das waren Themen, die mir auf meinem Weg begegnet sind und bei denen ich mir oft einfach Unterstützung gewünscht hätte.

In gewisser Weise verstehe ich auch, dass diese Themen eine Art Tabu sind. Andererseits ist es aber auch erschreckend, wie viele Menschen (Frauen UND Männer) etwas beizutragen haben, wenn man sie dann tatsächlich mal anspricht.

Ich wünsche mir ein warmes, mitfühlendes, verständnisvolles Buch, Zeilen, die einem Mut geben und zeigen, wie man mit manch schwieriger Situation umgehen kann. Ein Buch, in dem man sich Hilfe und Verständnis holen kann, das einfach für einen da ist, wenn alle anderen längst überfordert sind, und aus dem man Trost und Hoffnung schöpfen kann.«

Ihr lieben Frauen, liebe Schwestern, liebe inkarnierte Göttinnen, ich hoffe, ich bin dieser Bitte auf die Weise nachkommen, die euch allen und dir, genau dir, liebe Leserin, dient.

Ich verneige mich vor deinem Schicksal und danke dir von ganzem Herzen für dein Vertrauen.

In Liebe und Verbundenheit

Susanne

Erfahrungen

»Ich habe selbst eine Fehlgeburt gehabt, in der elften Woche. Nachdem ich lange Zeit nicht schwanger geworden war. Als ich meine Trauer gelebt hatte, war die Erkenntnis, dass ich überhaupt schwanger sein konnte, ganz wunderbar. Dafür danke ich dieser kleinen Seele heute noch.«

»Ich habe durch eine Abtreibung und eine Fehlgeburt erfahren, wie es ist, sehr unerwünscht und bedrohlich und viele Jahre später sehr glücklich schwanger zu sein – ich kenne beide Pole des Mutterseins. Und auch wenn ich heute kein Kind habe, so habe ich den lichtvollen und auch den dunklen Pol in mir erlebt. Das ist eine unendlich wertvolle Erfahrung, die vieles in mir geheilt und mich Mitgefühl gelehrt hat.«

»Gewollt und überglücklich schwanger, bekam ich in der zehnten Woche ein unglaubliches Ziehen im Unterleib, und das Blut strömte nur so aus mir heraus. Ich empfand es, als würde ein Teil von mir mitsterben. Es war der schlimmste Moment in meinem Leben. Nach langer Zeit des Verdrängens und nachfolgenden Depressionen machte ich einige Aufstellungen, die mir zeigten, dass alles gut war, wie es war! Irgendwann übergab ich in einer Vision mein kleines Mädchen in Jesus' Arme, und ab diesem Zeitpunkt ging es mir wieder richtig gut – auch wenn ich an die Kleine denke, fühle ich eine tiefe Liebe und große Dankbarkeit gegenüber Jesus dem Christus!«

»Erstens: Man vergisst als Frau, dass auch der Mann leidet. Zweitens: Warum hat man mich etwas so Kostbares »kosten lassen«, wenn man es mir dann wegnimmt? Manchmal habe ich gedacht, man hätte es mir lieber ersparen sollen.«

»Heute weiß ich dass ich NICHTS FALSCH GEMACHT HABE, alles war gut so, wie es war. Jeder Frau, die eine ähnliche Erfahrung macht, kann ich nur empfehlen: Nimm dir Zeit für deinen Schmerz, erlaube ihm, da zu sein, fühle, was es zu fühlen gibt, und laufe nicht vor ihm davon. Es ist nie zu spät. Es gibt keinen wirklichen Trost, ein Kind zu verlieren tut einfach weh! Ohne diese Erfahrung wäre ich aber heute nicht da, wo ich bin. Dafür bin ich dankbar.«

Gedanken eines Mannes: »Es hat mich daran erinnert, dass ich vor vierzig Jahren auch an einer Abtreibung beteiligt war, und das beschäftigt mich nun wieder sehr. All die Jahre ist es sehr gut verpackt gewesen, und durch deinen Beitrag ist mir das wieder bewusst geworden und hat mir gezeigt, dass ich da noch etwas sehr Tiefes aufarbeiten darf. Interessant, dass ich für mein eigenes Kommen auch einen zweiten Anlauf brauchte – nach einer Fehlgeburt meiner Mutter. Keine Ahnung, warum ich dir das schreiben muss. Jetzt kommen mir auch die Tränen.«

»Ich habe bis heute zu meinen nicht geborenen Kindern (die alle einen Namen tragen) eine dankbare, schöne Beziehung … Für mich sehe ich es so, dass sie sich diese Erfahrung – nicht geboren zu werden! – auch ausgesucht haben, doch in den wenigen intensiven Wochen, die wir jeweils miteinander hatten, durfte ich sehr viel durch sie lernen. Sie waren gottgesandte Wesen, tief verbunden mit ihrer göttlichen Kraft und Liebe, und sie lehrten mich, dass – ganz egal, wie ich mich entscheiden würde – es vor Gott/der Göttin KEINE SCHULD gibt!«

»… ich lernte damals, dass es den strafenden Gott nicht gibt, sondern dass nur wir Menschen uns manchmal durch die Lieblosigkeit zu uns selbst strafen!«

»Ich ließ diese Abtreibung mit Tabletten vornehmen, was ich persönlich nicht als schön erlebt habe … Allerdings habe ich DAS GEHEN meiner wundervollen kleinen Tochter aus meinem Körper so leibhaftig mitbekommen, dass mir jetzt noch die Tränen kommen, aber nicht vor Schmerz … sondern vor Rührung! Ich konnte sie so gut fühlen, den kleinen Engel, und sie war mir nicht böse … Da war nur Liebe zwischen uns und keine Unterscheidung zwischen irdischer, körperlicher und überirdischer, körperloser Seele!«

Internetseiten zum Thema

www.engelskinder.ch

www.engelskinder.de

http://www.nachabtreibung.de

Sandra Tamms schrieb mir via Facebook:

»Du hast als Fehlgebärende Anspruch auf eine Hebamme, die dich begleitet – einfühlsam und geduldig. Es gibt eine Internetseite zu diesem Thema: www.privatgeburt.de.

Im Forum gibt es einen Abschnitt ›Meine Folgeschwangerschaft‹. Dort geht es um die Trauer nach Fehlgeburten, um Tipps und um Zuspruch.«

Danke, Sandra!

Über die Autorin

Susanne Hühn wurde 1965 in Heidelberg geboren. Schon mit fünf Jahren entschied sie, Masseurin zu werden. Nach dem Abitur besuchte sie eine Schule für Physiotherapie, machte 1986 ihr Staatsexamen und arbeitete danach als Krankengymnastin.

Der Zusammenhang zwischen dem Denken und Fühlen und dem körperlichen Symptom, das ihre Patienten jeweils zeigten, interessierte Susanne Hühn besonders, und so absolvierte sie Ausbildungen und Seminare zum Thema ganzheitliche Medizin. Mit 28 Jahren ließ sie sich zur psychologischen Beraterin ausbilden. Aufgrund eigener Themen kam sie auch in Kontakt mit spirituellen Therapieformen wie Kinesiologie und Reinkarnationstherapie nach Rhea Powers.

Parallel zu ihrer Tätigkeit als Physiotherapeutin begann Anfang der Neunzigerjahre Susanne Hühns Weg als spirituelle Lebensberaterin und Meditationslehrerin. Zudem fing sie an zu schreiben. Nach wie vor faszinierte sie der Zusammenhang zwischen Körper, Geist und Seele, und so begab sie sich auf ihre eigene Forschungsreise. Ihr erstes spirituelles Selbsthilfebuch, »Loslassen und Vertrauen lernen«, entstand 1999 und wurde im Schirner Verlag veröffentlicht.

Im Jahr 2005 beendete Susanne Hühn ihre Tätigkeit als Physiotherapeutin. Seither widmet sie sich ganz der Lebensberatung und dem Schreiben von Büchern, Artikeln und Geschichten.

Weitere Informationen unter:
www.susannehuehn.de